Sonia Sotomayor

UNA SABIA DECISIÓN

EL DIARIO LA PRENSA, fundado en 1913, es el periódico más antiguo del país en español, así como el de mayor venta en Nueva York. *El Diario La Prensa* forma parte de las publicaciones de ImpreMedia, la compañía multiplataforma número uno en español en Estados Unidos. Sus diarios cubren dieciséis mercados en siete plataformas diferentes. Entre sus propiedades también está *La Opinión*, el diario en español de mayor circulación en todo el país.

MARIO SZICHMAN ha publicado siete novelas y dos libros de ensayo. Su "Trilogía de la Patria Boba", sobre las guerras de independencia en la Capitanía General de Venezuela consta de las novelas *Los Papeles de Miranda, Las dos muertes del general Simón Bolívar* y *Los años de la guerra a muerte*. Escribe una columna semanal para el diario *TalCual* de Caracas, y análisis políticos para la revista *Contrabando*, también de esa ciudad. Colabora además con publicaciones en Colombia, Italia y México. Szichman vive en Miami.

Sonia Sotomayor

UNA SABIA DECISIÓN

Sonia Sotomayor

UNA SABIA DECISIÓN

---

los editores de

El Diario La Prensa

y

MARIO SZICHMAN

VINTAGE ESPAÑOL
Una división de Random House, Inc.
Nueva York

"Esto nunca hubiera sido posible sin las oportunidades que me ofreció esta nación. [...] La fe de este país en una unión más perfecta es la que permite a una muchacha puertorriqueña de El Bronx estar hoy aquí".

—Sonia Sotomayor, durante una recepción en la Casa Blanca tras su confirmación como juez de la Corte Suprema, 12 de agosto de 2009

ÍNDICE

TERCERA PARTE

La nominación: la "latina sabia" y su controversia

CUARTA PARTE

La confirmación

INTRODUCCIÓN

CREO QUE COMO MUJERES DEBEMOS ser madres de todas las jóvenes latinas a nuestro alrededor. Servir de mentores es bueno, pero no es suficiente. Para que ellas tengan éxito, necesitan nuestro ejemplo y nuestro liderazgo, al igual que nuestra orientación y nuestros consejos. Liderazgo, en mi opinión, no es sólo el apoyo sino también el tener valor de, como dice el autor Marty Linsky en *Leadership on the Line*, incomodar a las personas. Ser líder es decir verdades en formas que otros no están dispuestos a aceptar. Él utiliza frases como "confrontar" e "incomodar", en conexión al liderazgo, y nosotras, como mujeres, hemos sido criadas para hacer lo contrario. Creo que tenemos que decir "Presente" individualmente y colectivamente para luego decir: "Tú eres parte de algo más grande. Tú formas parte de nosotras, y nosotras nos aseguraremos de que tengas éxito, pero tú tendrás que hacer lo mismo con otra".

Debemos decirles: "Tienes que permanecer en la escuela, ir a la universidad, tener tu propia cuenta bancaria, no sólo vestirte para lograr el éxito sino también hablar con propiedad y con el autoestima bien alto, y si necesitas ayuda, aquí estaremos. […] Sólo porque eres madre adolescente, no tienes que detener tu educación; sólo porque cometiste un error, aunque hayas ido a la cárcel, tu vida no se acaba ahí. Será más difícil, sí, pero no más duro de lo que fue para nuestras abuelas que tuvieron que recoger sus pertenencias y llegar aquí sin casi nada desde cada esquina de nuestros países. Ellas no hicieron ese largo y doloroso viaje para que nosotras nos rindiéramos fácilmente. Tenemos que apoyarnos incondicionalmente. Yo te apoyaré incondicionalmente porque te pareces a mí, te pareces a mi hija, y yo seré parte de las fuerzas que conspiran a tu favor y que luchan contra aquellas que intentan derrotarte. Te regañaré en privado, pero en público estaré siempre a tu lado, siempre contigo. Públicamente, ya sea en los grandes salones, en los quirófanos, en las salas de conferencias, en el Consejo Municipal, en el Capitolio estatal, en los pasillos del Congreso Nacional o en la ¡Corte Suprema de los Estados Unidos!, estaremos contigo, siempre, incondicionales".

Cuando di este discurso durante el almuerzo del evento anual "Mujeres Destacadas de El Diario La Prensa", el domingo 17 de mayo de 2009, estaba llena de esperanza que nuestra invitada especial, la juez Sonia Sotomayor, sería nominada por el presidente Barack Obama para la Corte Suprema de EE.UU. Ella estaba allí sentada en el centro del salón acompañada de su madre, Celina, quien no pudo contener el llanto al ver que su hija era recibida en un salón lleno de personalidades con aplausos y una ovación de pie.

Fueron momentos de alegría intensa. Todos querían hablar con y sobre Sonia. Los que la queríamos ayudar y proteger estábamos nerviosos; nos preocupaba cualquier cosa que pusiera en peligro sus probabilidades de ser escogida por el Presidente para la Corte Suprema de Justicia.

Unos meses atrás, en febrero de 2009, en un almuerzo con Sonia y Lee Llambelis, ambas amigas queridas, compartimos sándwiches de atún y soñamos juntas sobre las posibilidades y cómo podíamos ayudar a resaltar los logros de la Juez y compartir sus credenciales con el resto del país.

Entonces trabajábamos bajo la suposición de que la juez suprema Ruth Bader Ginsberg podría anunciar su retiro en la primavera. Sabíamos que los asesores de Obama habían estado investigando a Sonia como posible candidata desde la campaña electoral. Regresé a mi oficina con una lista de personas a llamar para que estuvieran listos en cualquier momento que los necesitáramos para correr la voz y dar a conocer los credenciales incomparables de Sonia.

En ese almuerzo, hablamos sobre nuestras madres y Sonia nos hizo el cuento del impermeable blanco que yo relaté luego en la columna que escribí para el suplemento especial de mujeres en mayo (ver página 29).

Sin embargo, semanas antes de nuestro evento de Mujeres Destacadas, el juez supremo David Souter tomó a todos por sorpresa cuando anunció sus intenciones de retirarse dejando una vacante y concediéndole a Obama su primera oportunidad de hacer una nominación a la Corte Suprema del país.

Esa tarde de mayo, en nuestro evento en el hotel Mandarín Oriental de Manhattan, estuvo llena de anticipación. Nueve días después, cuando el presidente Obama nominó a nuestra adorada Sonia, me invadió una emoción tan grande que sin darme cuenta paré el tráfico en la calle Flatbush de Brooklyn.

Su sencillez y su fe absoluta de que en este país todo es posible hacen que la historia de la juez suprema Sonia Sotomayor sea verdaderamente admirable. Además, la suya es una historia que compartimos y con la que muchos nos identificamos: padres luchadores que llegan a este nuevo país y que contra viento y marea superan cualquier desventaja para que una segunda generación, llena de esperanza y puras ganas y empuje, no defraude el esfuerzo y sacrificio de sus padres.

La candidatura de Sonia fue histórica en varios sentidos.

Uno de ellos fue que logró unir a personas de muchos sectores que nunca antes habían estado de acuerdo. En este libro, nosotros, el equipo de *El Diario La Prensa* y nuestra empresa matriz ImpreMedia, brindamos nuestra cobertura de este extraordinario e histórico acontecimiento y la historia de una mujer admirable que por siempre será fruto de nuestra inspiración: la muy sabia latina Sonia Sotomayor. Su historia es un legado preciado para nuestros hijos.

He tenido la gran fortuna de haber participado en los esfuerzos para lograr la confirmación de la juez y de utilizar el poder y la influencia de nuestro medio para ejercer presión política y para mantener informado al público.

El 6 de agosto estuve pegada a la televisión viendo la confirmación desde mi oficina en compañía de la congresista Nydia Velázquez y mi amiga Sandra Guzmán. Esa misma noche Sonia nos llamó y nos convidó a su apartamento en SoHo para celebrar, entre abrazos, un brindis con champán y fotos para el recuerdo.

En la recepción de la Casa Blanca, el 12 de agosto, mientras Sonia saludaba a una larga cola de dignatarios y personalidades y se tomaba fotografías con ellos, yo estaba parada al lado de Celina, la madre de Sonia, cuando el congresista José Serrano se le acercó a la juez y le susurró al oído que el personal de la Casa Blanca que atendía la recepción, mayormente latino, los mismos que nos servían entremeses y café, querían tomarse una foto con ella. Pensé que ellos estaban acostumbrados a ver dignatarios y estrellas de cine, pero esta vez estaban abrumados con la presencia de Sonia y su club de admiradores escandalosos. De inmediato Sonia hizo una pausa y dejó a los dignatarios a un lado para tomarse una foto con los trabajadores hispanos de la Casa Blanca. Esa misma noche el congresista puso la foto en su página de Facebook. Cada vez que veo esa foto me transporto a ese momento. Veo a esta juez puertorriqueña, rodeada de los nuestros en una imagen de pura humildad en la Casa Blanca. Aún lloro cuando rememoro.

No solamente es nuestro deber compartir la historia de Sonia, es nuestra obligación contarla y repetirla una y otra vez para la posteridad.

—Rossana Rosado,
directora ejecutiva de
El Diario La Prensa

Sonia Sotomayor

UNA SABIA DECISIÓN

Obama nomina a juez hispana Sonia Sotomayor a la Corte Suprema

El presidente espera que la confirmación en el Senado sea rápida y esté extenta de polémica

Antonieta Cádiz

La Opinión, Los Ángeles, 26 de mayo de 2009

WASHINGTON, D.C.—En medio de la expectativa general, el presidente Barack Obama caminó despacio hacia el micrófono. A su izquierda, el vicepresidente Joe Biden. A su derecha, una mujer a la que muchos querían ver a su lado: Sonia Sotomayor. La decisión ya estaba tomada y el momento de hacer los anuncios había llegado.

Sin embargo, ayer no era sólo un día más para comunicar resoluciones, y el mandatario lo sabía. Al contrario; era, sin lugar a dudas, uno de esos momentos en que se hace historia en la capital del país; una historia que se escribe con el nombre de Sonia Sotomayor, la primera juez hispana nominada para la Corte Suprema de Justicia.

Éste es el nombramiento más alto que ha recibido una hispana en Estados Unidos y que la juez del Corte de Apelaciones Segundo Circuito dijo "aceptar con mucha humildad".

El presidente, en cambio, no vaciló en destacar las múltiples cualidades que lo llevaron a respaldar el nombre de esta hija de padres puertorriqueños, de 54 años, a quien comenzó calificando como "inspiradora".

"La juez Sotomayor ha trabajado en casi todos los niveles del sistema judicial. Ella tiene una profunda experiencia y una amplia perspectiva que será invaluable para la Corte Suprema", dijo. "Tan impresionante como las credenciales que la juez Sotomayor ha acumulado en su carrera es su historia de vida... En su camino afrontó múltiples barreras y aunque logró gran éxito, nunca ha olvidado dónde comenzó, nunca perdió el contacto con la comunidad que la apoyó", agregó el presidente.

Emocionada, la juez Sotomayor se dirigió al público, agradeció a los miembros de su familia y en especial a su madre, Celina Báez Sotomayor, por su apoyo incondicional.

A su vez, no dudó en expresar sus propias expectativas respecto a su proceso de confirmación en el Congreso.

"Espero que en la medida en que el Senado y el pueblo estadounidense me conozcan mejor, se den cuenta que soy una persona común y corriente que ha sido bendecida con oportunidades y experiencias extraordinarias", dijo.

La nominación de Sotomayor es una meta por la que han luchado incansablemente muchas organizaciones hispanas, como el Colegio Nacional de Abogados Hispanos o el Fondo Mexicoamericano para la Defensa Legal y la Educación (MALDEF, por sus siglas en inglés), entre otras. Una aspiración que se les había escapado de las manos una y otra vez, levantando esperanzas, que luego eran extinguidas en el camino, como ocurrió con las designaciones realizadas por el ex presidente George W. Bush, que llevaron a los jueces Johns Roberts y Samuel Alito al máximo tribunal.

Desde que David Souter anunció su retiro, el movimiento de grupos hispanos en Washington fue imparable. Reuniones en la Casa Blanca y en el Congreso, presentaciones en público, de todo para dar un sólo mensaje: "Ya es hora".

Ramona Romero, presidente del Colegio Nacional de Abogados Hispanos, recalcaba en el Congreso, hace apenas unos días, lo importante que es que una institución como la Corte Suprema sea un reflejo de Estados Unidos, que hoy cuenta con cerca de 47 millones de hispanos, un 15 por ciento de la población del país.

En este contexto se entiende la ola de reacciones que ha tenido la nominación de Sotomayor en Washington. Nydia Velásquez, presidente del Hispanic Caucus (camarilla hispana del Congreso), no escatimó los elogios a la trayectoria de la juez. "Ella trae experiencia, disciplina, integridad, compromiso y la agudeza intelectual que ha cultivado en una extensa carrera. Encarna nuestra profunda creencia, basada en que si eres talentoso y estás dispuesto a trabajar intensamente, el sueño americano es alcanzable".

Asimismo, el congresista Charles González, vice presidente del Hispanic Caucus, aseguró que el nombramiento es una prueba de la fortaleza emanada de la diversidad que posee la sociedad estadounidense.

En el Senado las reacciones tampoco tardaron. El senador Robert Menéndez fue uno de los primeros en extender su reconocimiento a Sotomayor. "Con esta selección, el presidente Obama ha escogido a una candidata calificada, que ayuda a traer diversidad a un tribunal. La diversidad es mucho más que una fotografía en grupo, se trata de aportar experiencias vividas, que otros quizás no comprendan completamente, a nuestro sistema de justicia", declaró.

Camino a la decisión

El proceso que llevó al nombramiento de Sotomayor no fue fácil. Funcionarios de la Casa Blanca especificaron que el presidente entrevistó largamente a cuatro candidatas la semana pasada: Sonia Sotomayor, Janet Napolitano, Elena Kagan y Diane Wood.

La juez Sotomayor, en particular, permaneció siete horas en la Casa Blanca el jueves pasado, de las que compartió una con el presidente. Aunque Obama no la conocía personalmente, sus asesores habían preparado una extensa investigación sobre su trayectoria y su vida personal.

El viernes pasado, el presidente comentó su inclinación por Sotomayor. Sin embargo, decidió seguir reflexionando durante el fin de semana. Ya el lunes, a las 8:00 p. m., Obama llamó a Sotomayor para comunicarle la noticia. Ahora, después de la alegría y los agradecimientos por los honores propios de su designación, Sotomayor deberá enfrentar la parte más difícil del proceso: su confirmación en el Senado.

PRIMERA PARTE

Los años formativos:

su infancia y educación

Juez hispana a las puertas
de la historia

Annie Correal

El Diario La Prensa, Nueva York, 27 de mayo de 2009

NUEVA YORK—La juez Sonia Sotomayor, nominada recientemente a la Corte Suprema de los Estados Unidos, es hija de inmigrantes puertorriqueños de El Bronx, y no se ha olvidado de ello.

En un discurso en la Universidad de California, Berkeley, del 2001, la juez mencionó su amor por las orejas de cuchifrito, el merengue y los juegos de dominó, y se preguntó: "¿Quién soy?", para responder con un rotundo: "Soy *nuyorican*".

1

MUCHOS VENIMOS DE OTRA PARTE. Y a veces, nunca retornamos a esa otra parte. La pobreza, la guerra, van sembrando de
tumbas las tierras de origen, que rápidamente se transmutan
en fosas comunes de viviendas desamparadas. La búsqueda de
nuevos horizontes adquiere múltiples urgencias. En ocasiones, no hay pobreza, no hay guerra, pero existe una profunda
injusticia: las leyes se acatan, pero no se cumplen, y la arbitra-
riedad se convierte en norma. Sin raíces, muchos deambulan
tratando de conquistar una nueva identidad. En el mejor de
los casos, la familia y los amigos quedan anclados en la tierra
de origen, como un hito, como el destino que el emigrado intenta eludir. Pero inclusive si las distancias son cortas, hay
un oceáno constituido por experiencias diferentes, por distintas
redes sociales, y en ocasiones, por otro idioma. (Según Franz
Kafka, un muchacho judío que decía "mame" a su madre, nunca
podía creer que fuese la misma madre que un ciudadano ale-
mán llamaba "mutter").

La familia de Sonia Sotomayor también viene de otra

parte: Puerto Rico. En su caso, la mudanza a Estados Unidos tuvo la primera de las causas antes enunciadas: la pobreza. Es una pobreza que se remonta al primer día de la creación, una pobreza que todavía hoy resulta difícil de entender. Una pobreza monda y lironda como un hueso, y por lo tanto escondida, despojada de toda miseria. (Los ricos, decía Jorge Luís Borges, pueden entender la miseria, pero nunca la pobreza. Pues la miseria es pedigüeña, en tanto la pobreza se enorgullece de ser tan honrada como un gentilhombre español).

El padre de Sonia, Juan Sotomayor, nació en 1921, en Santurce, y su madre, Celina Báez, nació en 1927 en Santa Rosa, Lajas, un área rural de la costa suroeste de Puerto Rico. Ambos lucían la pobreza como si fuera una segunda piel. Y ambos sabían que tenían apenas dos alternativas frente a esa digna pobreza: o los mataba o los hacía más fuertes.

Poco se sabe del padre, que murió muy joven, cuando tenía apenas cuarenta y dos años. Y su tenue presencia está acentuada por el hecho de que en el cementerio de Lajas, donde fue enterrado, su tumba todavía carece de nombre.

Hay una foto donde el padre aparece junto a su esposa, Celina Báez. Él sostiene con su mano izquierda el brazo izquierdo de Sonia Sotomayor, en esa época una bebita que parece confusa, distraída. (Es bueno creer en esas fotos de bebés, pues reflejan distintas emociones en una época en que todavía no han aprendido la astucia). En la foto, Juan Sotomayor tiene el aspecto de un hombre robusto, amable, elegante, tal vez un poco tímido. Pero quien se roba la foto es la madre. O mejor dicho, los inolvidables ojos de Celina Báez se encargan de robarse la foto. Los ojos de Celina Báez, una bella y apasionada mujer, esos ojos que Sonia heredó como su mayor atributo, observan al ojo de la cámara con franqueza y desafío. Nadie puede dudar de la honestidad, de la imperiosa energía de esa mujer que luce esos ojos.

Ahora de ochenta y dos años, lúcida, enérgica, siempre dispuesta a ayudar, orgullosa de sus humildes orígenes, y de la manera en que logró remontar sus dificultades hasta graduarse de enfermera y conseguir que sus hijos, Sonia y Juan, obtuvieran títulos universitarios, Celina Báez traza una genealogía de luchas inacabables.

Según contó Celina Báez a sus amigos, cuando era alumna de escuela primaria, ella y sus cuatro hermanos debían compartir un solo lápiz. Sus padres guardaban religiosamente el lápiz una vez que los niños concluían sus tareas escolares, y volvían a entregarlo ceremoniosamente, para las tareas del día siguiente. Celina Báez descubrió que su mente era el mejor archivo de recuerdos. Y por eso memorizaba sus lecciones imaginando que podía enseñarlas a los árboles que crecían en el patio de su modesta vivienda. Cada árbol recibía el nombre de un pupilo, y Celina Báez iba dictando sus recién adquiridos conocimientos con un palo que usaba como puntero. Tal como recordó muchos años después su hija Sonia, para la época en que sus padres decidieron buscar nuevos horizontes en Estados Unidos, el ingreso per cápita en Puerto Rico era de 200 dólares, menos de una cuarta parte del registrado en el estado más pobre de Estados Unidos, en tanto que la tasa de analfabetismo ascendía al 61 por ciento.

Cuando Celina Báez tenía nueve años, su madre falleció. (Sonia repetiría en parte ese destino cuando falleció su padre. Ella tenía también nueve años en el momento de esa pérdida). Poco después, el padre de Celina abandonó la familia y ésta fue criada por su hermana mayor, Aurora, en San Germán, Puerto Rico.

Y antes, como ahora, el ejército fue la tabla de salvación de los pobres. En 1944, cuando tenía diecisiete años, Celina ingresó al servicio militar de Estados Unidos, y llegó a Georgia. Para ella era lo mismo que si hubiera llegado a Marte. Sabía tal vez media docena de palabras en inglés. Ignoraba la existencia de los teléfonos. En ese nuevo planeta, Celina Báez plantó bandera y nunca retrocedió, ni siquiera para tomar impulso.

Poco después de ser dada de baja, Celina se casó con Juan Luis Sotomayor, un obrero metalúrgico. Pasó casi una década antes que naciera Sonia, en 1954. A ella le siguió Juan, tres años más tarde.

En los primeros años de matrimonio, Celina Báez logró dar las equivalencias y graduarse en el colegio secundario James Monroe, en El Bronx, consiguiendo empleo posteriormente en el Prospect Hospital, un pequeño nosocomio en el sur de El Bronx donde permaneció durante treinta y cinco años. La mujer que ni siquiera conocía el inglés o la existencia de los teléfonos al llegar a Estados Unidos, comenzó trabajando como telefonista. Y con el aliento del dueño del nosocomio, logró graduarse de enfermera.

La muerte de Juan Sotomayor de un ataque al corazón, a los cuarenta y dos años dejó a Celina Báez al timón de su familia. No había mucho tiempo para la aflicción o la autocompasión. (Hay una foto de Sonia, tomada aproximadamente por ese tiempo. Se trata de una niña que combina la robustez con la fragilidad. Sonríe con la boca, pero su mirada no puede disimular la tristeza). Celina Báez luchó para que sus hijos continuasen sus estudios en escuelas católicas, y se las agenció para ahorrar de su magro sueldo a fin de comprar la *Encyclopaedia Britannica,* la única que había en todo el proyecto de viviendas de Bronxdale Houses.

"Mi hermano y yo copiamos de esos libros muchos de nuestros informes escolares, y puedo recordar la enorme carga financiera que la compra (de la enciclopedia) representó para mi madre", dijo Sonia Sotomayor en 1998.

La vida en los proyectos edilicios de Bronxdale Houses, a lo largo del Bruckner Boulevard, en el condado de Queens, no era fácil. Sin embargo, en la década de los cincuenta resultaba mucho más promisoria que medio siglo más tarde. Como señaló *The New York Times*, esos complejos de edificios "encapsulaban la promesa de Nueva York". Las torres "representaban para la clase obrera un codiciado antídoto frente a algunos invivibles espacios residenciales en la ciudad". No se trataba de esos *projects* (complejo de viviendas subvencionadas) con "ascensores apestosos que no funcionaban, o de cubos de escaleras controlados por pandillas donde se vendían drogas". Pues en las décadas de los cuarenta, cincuenta y sesenta, cuando se construyeron la mayoría de las viviendas públicas de la ciudad, "un sentido de orgullo y de comunidad era evidente en los bien conservados corredores, en los apartamentos y en los jardines. Lejos de ser peligrosos, esos proyectos eran considerados como un entorno educativo"[1].

El lado latino de la identidad de Sonia le enseñó también a ubicar su drama en contexto. Su primera década de vida la ayudó a forjar su temple. A los ocho años, Sonia fue diagnosticada con diabetes Tipo 1, y debió comenzar a recibir inyecciones diarias de insulina. ¿Cómo reacciona un niño ante la cotidiana mortificación de recibir inyecciones? ¿Cuál es su experiencia frente a compañeros de escuela en un ambiente extraño, y no precisamente amigable? Pues los niños pueden ser muy crueles con el diferente. Especialmente un diferente con problemas de salud que continúa aferrado al idioma de su tierra natal. Sonia hablaba con más fluidez el castellano que el inglés, pues su padre, el obrero Juan Luis Sotomayor, con apenas tres años de educación primaria, sólo dialogaba en español. Cuando el padre falleció de complicaciones cardíacas, el mundo de Sonia sufrió otra devastadora conmoción*. Sonia reaccionó hacia adentro y hacia afuera: se retrajo en las lecturas, y amplió su horizonte con el inglés. Fue entonces que

---

* No hay muchos recuerdos del padre de Sonia. Pero su legado persiste. En una ocasión, le dijo a su hija: "Algún día, irás a la luna". *The Washington Post*, 16 de junio de 2009.

descubrió a la niña detective Nancy Drew, y quiso ser como ella. Y allí surgió un nuevo obstáculo. La diabetes que comenzó a afligirla a mediados de la década de los sesenta necesitaba tratamientos y precauciones, algunos de los cuales han sido soslayados en esta primera década del siglo XXI. Paul Robertson, directivo de la Asociación de Diabetes de Estados Unidos, recordó que hace algunas décadas, trabajos como camionero, cirujano y piloto, así como otros empleos estimados de alto riesgo, estaban fuera de límites para diabéticos que necesitan inyecciones diarias de insulina, pues éstos pueden perder de manera temporal la conciencia de su entorno si se reduce drásticamente el contenido de azúcar en la sangre. "Pero, en la actualidad", añadió Robertson, "No conozco empleo alguno" para el que un diabético sea excluido debido a su condición[2].

Por unos momentos, avanzaremos medio siglo en la narración. Durante las audiencias de confirmación en el Senado, se pensó que la diabetes de Sotomayor podría ser un factor capaz de afectar sus posibilidades, en particular sus expectativas de vida. Pero esas dudas quedaron rápidamente despejadas.

"Es grato tener una diabética en la Corte Suprema", dijo a la cadena de televisión CNN el doctor Richard K. Bernstein, especialista en diabetes a quien se diagnosticó con la enfermedad cuando tenía doce años. Bernstein es un ejemplo de que los diabéticos viven largos y productivos años. El cumplió 75 años en 2009. Y Ron Gebhardtsbauer, actuario judicial en la Escuela de Administración de Empresas Smeal, en la Universidad del Estado de Pensilvania, señaló que las expectativas de vida de una mujer de 54 años en 2009 era de 86,2 años.

Robertson dijo que lo importante "es la forma en que una persona se cuida a sí misma cuando tiene diabetes Tipo 1". Y eso "no requiere conocer tecnología especial". Y Sonia Sotomayor sabe cómo cuidarse. Rudy Aragón, un abogado de Miami, Florida, que estudió con Sotomayor en la Facultad de

Derecho de Yale, dijo que ella analizaba "con fervor religioso" sus niveles de azúcar en la sangre.

Pero la niña Sonia Sotomayor no podía anticipar lo que le deparaba el futuro. Sólo conocía un presente plagado de frustraciones. Y cuando su sueño de ser una detective como Nancy Drew fue archivado con la aparición de la diabetes, otro sueño lo reemplazó. Un día, observando un episodio de la serie de televisión *Perry Mason*, Sonia escuchó al fiscal asegurar que no le preocupaba perder un caso si el acusado resultaba ser inocente, pues su trabajo era lograr que se hiciera justicia. "Pensé que ese era un trabajo maravilloso", dijo Sotomayor a *The New York Times*. "Y luego, hice un salto cuántico: si ese era el trabajo del fiscal, entonces la persona que adoptaba la decisión de desechar el caso era el juez. Y eso es lo que quería ser"[3].

La vocación estaba decidida. En 1998, declaró a Greg B. Smith, de *The Daily News*: "Cuando tenía diez años decidí que iba a estudiar en la universidad, y que me recibiría de abogada. Eso cuando tenía diez años. Y no lo decía en broma".

Recuerdan a estudiante suprema

La juez Sotomayor dejó sus huellas en la escuela secundaria Cardinal Spellman

José Acosta

El Diario La Prensa, Nueva York, 29 de mayo de 2009

NUEVA YORK—Un Cristo tallado en madera en la entrada principal, y retratos de religiosos católicos en unos pasillos envueltos en un silencio sólo interrumpido por el paso de los estudiantes durante el cambio de clases es el ambiente que vivió la juez Sonia Sotomayor en la escuela secundaria Cardinal Spellman de El Bronx, donde estudió de 1968 a 1972.

Bob Anderson, director de orientación de esta escuela secundaria, quien fue compañero de curso de Sotomayor, la recordó ayer como una persona "inteligente, expresiva, apasionada con todos los temas del centro escolar".

Anderson dijo que aunque entonces había 500 estudiantes "todo el mundo recuerda a Sonia porque ella era muy activa en los asuntos de la escuela". Sotomayor presidió un año el Gobierno Estudiantil, donde se creaban programas estudiantiles junto con la facultad.

Jeri Faulkner, la decano de estudiantes de la Cardinal Spellman, y quien estuvo en el Gobierno Estudiantil junto a Sotomayor, recordó a la juez "como una joven con mucha presencia, que sabía hablarle a la multitud".

"Ella era brillante; cuando hablaba, usaba un lenguaje más avanzado que el que manejan los estudiantes a su edad", agregó Faulkner. "Cuando ella hablaba uno tenía que escucharla, y ella siempre dedicaba tiempo para contestar las preguntas que le hacían. Era muy incluyente y muy apasionada con cualquier tema que se presentara", agregó.

En la época que Sotomayor estudió, el estudiantado era 90 por ciento blanco y 10 por ciento de las minorías (latinos, afroamericanos, asiáticos). Era muy difícil entrar a la escuela, no había becas y la matrícula costaba 450 dólares al año. Hoy día la matrícula cuesta 6.000 dólares por año y un 35 por ciento de los alumnos son latinos y otro 35 por ciento afroamericanos, explicó Faulkner.

"Y Sonia vino aquí como una de las mejores estudiantes de la escuela primaria y terminó aquí como una de las mejores estudiantes", dijo Faulkner.

La decana recordó que el año anterior a su llegada, el plantel de la Cardinal Spellman estaba dividido en institutos masculino y femenino, y que Sotomayor y el Gobierno Estudiantil escribieron una nueva Constitución de la escuela cuando ésta dejó de lado esta división.

Faulkner dijo que Sotomayor ha permanecido como amiga de la escuela y ha invitado a los estudiantes a que visiten su sala en la Corte.

"La noticia de su nominación creó gran excitación entre los estudiantes. No todos los días un presidente del país menciona a un ex estudiante de nuestra escuela, menciona nuestra escuela y menciona El Bronx", dijo Faulkner, indicando que Sotomayor "es la pirámide del sueño americano".

Axel Vanderlinde, quien tiene cinco años como profesor de la Cardinal Spellman, dijo que entre sus estu-

diantes "hay mucha alegría por el modo en que Sotomayor pudo superarse, y se sintieron animados porque
el mensaje es que uno puede llegar a ser lo que quiera
ser".

El profesor dijo que en la escuela toman el currí-
culo del estado de Nueva York y le agregan otras mate-
rias relacionadas con el catolicismo, como Historia de
la religión, Filosofía, Moral y ética y Crecimiento espiri-
tual. También tienen una capilla donde se oficia una
misa a las 7 de la mañana.

2

LOS PADRES Y SU IDENTIDAD

"La trayectoria de alguien de orígenes tan humildes, 'es lo que más cautiva y conmueve' a la isla, dijo Juan Manuel García Passalacqua, un analista político que conoció a la juez Sotomayor en la década de los ochenta como miembro de la junta directiva del Fondo de Defensa Legal Puertorriqueño... Passalacqua... dijo que muchos de sus coterráneos se preguntan: '¿Cómo es que esta persona que no nació en la clase gobernante de Puerto Rico termina formando parte de la clase gobernante de Estados Unidos?'"[1]

The New York Times, 30 de mayo de 2009

MUCHOS VENIMOS DE OTRA PARTE. Y a veces, nunca retornamos a esa otra parte. Pero la familia constituida originalmente por Celina Báez y su esposo Juan Sotomayor, reducida luego a la madre y sus dos hijos, nunca olvidó sus raíces, y ha retornado sistemáticamente a su lugar de partida, reiterando sus visitas a la familia y a los amigos que quedaron anclados en la tierra de origen. El océano ha sido franqueado una y otra vez, las experiencias han sido compartidas, las redes sociales fueron reparadas.

Hace más de sesenta años que la familia que engendró a Sonia Sotomayor y a su hermano Juan está radicada en Estados Unidos. Pero sus raíces siguen en Puerto Rico. Una y otra vez, Sonia ha explicitado la tensión, el intento de "mantener y promover nuestra identidad cultural y étnica en una sociedad que es con frecuencia ambivalente acerca de cómo lidiar con esas diferencias".

Hubiera sido fácil olvidar el pasado y comenzar a partir de cero. En esa tensión entre el pasado y el presente, entre dos idiomas, entre dos culturas, entre dos historias, es muy grande la tentación de elegir uno de ellos y sepultar el resto en un lejano desván de los recuerdos. Especialmente cuando el pasado significa la pobreza o, con más precisión, los malos recuerdos de la pobreza. Sumemos a eso que los orígenes se encuentran en un territorio con un estatus tan atípico como el de Puerto Rico, conocido especialmente por lo que no es. Puerto Rico no es un estado norteamericano. Y tampoco es un país. Sus habitantes hablan el español, pero la moneda es el dólar. El alma puede ser española, pero el cuerpo es bilingüe. Pues sin transición alguna, el poder imperial de España fue reemplazado por el de Estados Unidos, tras la fulminante guerra de 1898 —el mismo año en que Cuba y las Filipinas adquirían una incipiente independencia plagada de intervenciones militares. Ese territorio, que una ley posterior definió como *unincorporated*, no incorporado, que pertenece pero no forma parte de Estados Unidos, según lo ha reiterado la Corte Suprema en numerosos casos, es el hogar de los Báez y los Sotomayor. A ese hogar, no han renunciado nunca. Ese hogar les ha dado una fuerza especial, aunque sólo detente la soberanía de su nombre. A ese hogar, siempre retornan para no ser arrastrados por la anomia, para recordar que viven en una perpetua tensión, imposible de resolver.

En una recorrida por Puerto Rico, Emanuella Grinberg, corresponsal de CNN, señaló que "aunque Sonia Sotomayor no nació en Puerto Rico, sus amigos y familiares dijeron que ella es puertorriqueña hasta la médula".

Emmalind García, una juez de Puerto Rico que es amiga de Sonia, dijo que la historia de sus padres tuvo un poderoso impacto en la magistrada más flamante de la Corte Suprema de Estados Unidos. "Cuando se tiene un padre que tiene problemas porque no puede hablar el idioma, o que tal vez carece de una gran educación, hay que trabajar más duro para probarse a sí mismo", dijo García. "Pero doña Celina también estableció un ejemplo para sus hijos al señalar que la educación es la mejor manera de salir de la pobreza".

Y Tito Báez, primo de Sonia, dijo que aunque ésta nació en Estados Unidos, "sus valores son puertorriqueños de pura cepa. Ella nos ha amado ofreciendo el mismo apoyo que si hubiera nacido y vivido aquí con nosotros". Y Leonor Báez Santana, hermana de Tito, recordó los numerosos veranos en que jugaba con su prima en el hogar de su madre.

Ya de adulta, cada vez que Sotomayor viajaba a Puerto Rico, siempre dedicaba unos días para visitar Mayagüez, a fin de estar con sus primos.

Tito Báez señaló el orgullo de sus coterráneos al enterarse de la nominación de Sotomayor para la Corte Suprema. "Ella no forma solamente parte de nuestra familia. Ella pertenece a Puerto Rico", dijo su primo. Y lo mejor del caso, la fama "no se le ha subido a la cabeza. Ella tiene los pies firmemente plantados en la tierra".

Y esa actitud, añade la juez García, es un homenaje a Celina Báez. "Ella crió a un médico y una juez. Es un logro increíble para una mujer proveniente de una pobre aldea de Puerto Rico"[2].

Tras una gran mujer... una gran madre

Su progenitora, una viuda boricua, crió sola a la "juez suprema Sotomayor" en el sur de El Bronx

José Acosta

El Diario La Prensa, Nueva York, 27 de mayo de 2009

NUEVA YORK—Dicen que detrás de un gran hombre hay una gran mujer, pero detrás de hijos triunfadores es innegable que hay una madre extraordinaria.

Este es el caso de Celina Báez de Sotomayor, quien a la bonita edad de 82 años aún conserva la fortaleza que la ayudó a luchar contra los avatares de la vida para sacar adelante a una familia de hijos triunfadores en un condado que tiene una de las comunidades más pobres de la nación, El Bronx.

Báez de Sotomayor es la madre de Sonia Sotomayor, la juez del Segundo Circuito de la Corte de Apelaciones de EE.UU. que fue nominada recientemente por el presidente Barack Obama para ocupar un puesto en el Tribunal Supremo.

Si el ascenso de la juez puertorriqueña a la cúspide del sistema judicial es un ejemplo de perseverancia y trabajo duro, en su madre Sotomayor halló un modelo de estos valores.

Celina Báez de Sotomayor nació en Lajas, en una zona rural de Puerto Rico, en 1927, y según reveló, quedó huérfana desde muy pequeña y fue criada por sus hermanos mayores.

"Mi mamá murió y mi papá nos abandonó a los cinco hijos", relató a *El Diario La Prensa* Báez de Sotomayor, quien recordó que una hermana mayor se hizo cargo de ella y la llevó a vivir a San Germán, también en Puerto Rico.

La madre de la juez vio a los 17 años una oportunidad para salir de su pobreza, cuando leyó un anuncio del ejército de Estados Unidos en el periódico y se enroló. El ejército la envió a trabajar a la Oficina Postal de la Quinta Avenida de Manhattan, donde permaneció un año y luego se retiró de la milicia.

Báez de Sotomayor decidió quedarse en Nueva York, donde conoció a su esposo Juan Luis Sotomayor, padre de sus dos únicos hijos y un obrero de fábrica que murió de complicaciones cardíacas cuando Sonia Sotomayor tenía apenas nueve años.

Tras la muerte de su marido, Celina Báez de Sotomayor tuvo que sacar adelante a Sonia y a otro hijo, Juan Sotomayor, quien en la actualidad es médico.

Celina Báez de Sotomayor trabajó como recepcionista, primero, y luego como enfermera, en un pequeño hospital privado de El Bronx, el Prospect Hospital, que se convirtió en su hogar durante 35 años, y posteriormente en una clínica de metadona del sur de El Bronx, hasta que se retiró a principios de la década de los noventa.

En un discurso de 1999, la juez Sotomayor recordó: "Durante gran parte de mi infancia, mi madre trabajó seis días a la semana. Luchó para que mi hermano y yo fuéramos a la escuela". Y agregó que la educación de sus hijos fue siempre una prioridad para su madre y por ello tuvieron la única *Encyclopaedia Britannica* que ella recuerda en el complejo de vivienda pública.

"Con la enfermería crié a mis hijos", aseguró la madre, quien logró certificarse como enfermera tras es-

tudiar en Hostos Community College, cuando Sotomayor se encontraba en la escuela secundaria, para poder
mejorar un poco su situación económica tras haber
ejercido sin certificación.

"Nunca conocí una estudiante como mi madre. Lle-
gaba de la universidad o del trabajo y se concentraba
en sus estudios, hasta la medianoche o más, sólo para
levantarse de nuevo antes que todos nosotros", recordó
la juez en el mismo discurso de 1999.

Al hablar de su hija, Báez de Sotomayor afirmó:
"Desde niña noté que mi hija eran tan inteligente que yo
no podía competir con ella, ni podía hablar de nada que
ella ya no supiera". Por lo tanto "siempre la dejé hacer
lo que ella quería hacer", agregó la madre, quien dijo
que sus dos hijos son "superlativos", aunque el varón es
más pacífico, y ella "un torbellino, pero bella por dentro
y por fuera".

"Me gustaría ser como ella, no por su inteligencia,
sino por la belleza que ella tiene por dentro", aseguró la
madre.

Siempre que tiene una oportunidad, la juez Sotomayor agradece a su madre el esfuerzo que hizo por ella,
como lo hizo durante el día en que el presidente Barack
Obama anunció formalmente su nominación a la Corte
Suprema.

"Siempre he dicho que soy lo que soy por ella, y sólo
soy la mitad de mujer que ella", aseguró Sotomayor,
mientras que sentada entre el público de la Casa Blanca
su madre lloraba de emoción.

3

LA VOCACIÓN DE SONIA tuvo que ser apuntalada con muchos sacrificios. Durante las vacaciones escolares, siempre buscaba trabajos para ayudar a la familia. En una ocasión, obtuvo un empleo en la tienda United Bargains, en El Bronx, aunque, según admitió luego, era demasiado pequeña para el trabajo. También consiguió un trabajo en el Prospect Hospital junto a su madre.

La presencia de la madre fue esencial en la niñez de Sonia y de su hermano Juan, actualmente un médico especialista en enfermedades pulmonares.

Jeanette Valdespino-Torres, una amiga de la infancia, le contó a CNN que Celina Báez les transmitió a sus hijos una voluntad de hierro. Cuando la madre regresaba del trabajo, lo primero que hacía era preguntar a Sonia si había hecho sus tareas escolares, si se había encargado de las compras domésticas, o si había lavado la ropa. "Sólo entonces, permitía a Sonia algún tipo de esparcimiento", dijo Valdespino-Torres. Y en muchas ocasiones, el esparcimiento consistía en la lectura.

Desde una temprana edad, Sonia también aprendió a guardarse para sí las aflicciones. Valdespino-Torres dijo que "a su edad, eso debe haber sido muy difícil de enfrentar, pero nunca lo discutió. Ella se hacía cargo del problema, y lidiaba con él"[1].

Un primer ascenso en la escala social se registró cuando Sonia ingresó a la escuela secundaria Cardinal Spellman, en El Bronx.

Y mientras Sonia crecía a nivel interno, el complejo edilicio de Bronxdale Houses se iba deteriorando con rapidez, debido al incremento del uso de heroína, al crimen, y al surgimiento de la pandilla Black Spades. En 1970 —Sonia tenía en ese momento dieciséis años— la familia se mudó a Co-op City, en la parte noreste de El Bronx.

"Cuando nos fuimos, (la situación) aquí era muy dura", señaló Juan Sotomayor a *The Washington Post*. Y la mudanza a Co-op City, "fue claramente un ascenso" en las condiciones de vida.

Detrás dejaban lo que parecía una zona de guerra. En la década de los ochenta, dijo Robin Shulman, periodista de *The Washington Post*, el condado perdió alrededor de una quinta parte de sus viviendas. "En los proyectos se alojaron los refugiados. El vandalismo y la violencia reinaban supremos".

Y Shulman se formula una pregunta de difícil respuesta. Si bien "el éxito de Sonia Sotomayor es exactamente aquel que los proyectos edilicios públicos intentaron alentar, ¿podría haberse desarrollado esa historia en las Bronxdale Houses de la actualidad? Muchos que viven allí, y expertos que estudian la pobreza en relación con los proyectos de viviendas públicas, no tienen muchas esperanzas"[2].

Mujeres Supremas

Rossana Rosado,
directora ejecutiva de *El Diario La Prensa*, para el
suplemento "Mujeres Destacadas" del 17 de mayo de 2009

CUANDO LA JOVEN SONIA SOTOMAYOR fue aceptada en la Universidad de Princeton, en 1971, una amiga le comentó que necesitaría una capa (impermeable) porque en esa parte de Nueva Jersey llovía mucho. Su mamá la llevó a la Tercera Avenida en El Bronx para buscar un impermeable que hasta el día de hoy la juez describe con gran nostalgia, "era blanco y brilloso, y lo usé hasta que se me cayó de encima".

Inicialmente, la dueña de la tienda, que era una estadounidense blanca, no le hizo caso a la madre de Sotomayor hasta que ésta le pidió en tono firme que la atendiera porque "mi hija necesita este abrigo para la universidad". La señora le preguntó "¿Y, a qué universidad va la niña?" Al responderle, "Princeton University", la mujer soltó lo que estaba haciendo para atender bien a su cliente y a su hija, evidentemente superdotada.

Cuando salieron de la tienda la joven Sonia comentó: "Mami, ¿viste cómo cambió su actitud cuando le mencionaste 'Princeton'?", y su mamá respondió: "Sí, Sonia, y, ¿sabes qué?, eso me está pasando en el hospital (donde trabajaba) cuando le digo a los médicos que mi hija va a 'Princeton'. Se impresionan mucho. Parece que es algo grande".

Cuando Sotomayor comparte ésta y otras de sus

muchas historias sobre su maravillosa madre, me hace llorar.

Como tantas madres latinas, la madre de Sonia supo instintivamente que su hija vino al mundo para vivir momentos históricos. Su generación de luchadoras no sólo le dio vida a los que hoy son líderes, sino que le dio esperanza a toda una comunidad que hoy se beneficia de los éxitos de Sonia y su generación.

Trabajando y estudiando para ser enfermera, la señora Sotomayor crió a sus hijos con mucho esfuerzo; hoy el varón es médico y su hija, abogada.

El entusiasmo que ha generado la candidatura de Sotomayor es un testamento más de la fuerza y el amor de esa madre luchadora.

Nos enorgullece traerles una vez más a un nuevo grupo de mujeres extraordinarias. Hace 14 años comenzamos esta tradición de celebrar y reconocer a nuestras mujeres y aún no dejan de impresionarme las historias de estas latinas, jóvenes, maduras, solteras, casadas, de distintos países y de la diáspora. Ellas son una inspiración y albergan la esperanza para un gran futuro, nuestro futuro.

4

PRINCETON: UNA MUCHACHA TÍMIDA QUE SE DESTACA

SONIA SOTOMAYOR FUE LA MEJOR alumna de su clase en la escuela secundaria Cardinal Spellman y fue galardonada con una beca completa para la Universidad de Princeton. Años después, diría que su experiencia universitaria había sido "el evento más transformador de su vida", y describió su primera semana en Princeton "como una visitante que hubiese aterrizado en una tierra extraña". Una experiencia de "otredad" que se volvió a repetir años después durante su primera semana en la Facultad de Derecho de la Universidad de Yale, cuando "intenté descubrir qué funcionario de la oficina de ingresos del Decano había cometido el error de permitirme que me colara"[1].

En Princeton había escasas mujeres e inclusive menos hispanos —o latinos—, alrededor de veinte en una universidad de más de 2.000 alumnos.

En su primera semana en Princeton, en 1972, Sonia debió haberse sentido más como una princesa encerrada en un castillo medieval que en un paisaje lunar. Acostumbrada a la vida social y comunitaria de El Bronx, a los ruidos de la calle, al claxon de los automóviles, al grito de los vendedores, a los piropos de admiradores, Princeton debe haber sido realmente un gran impacto para Sonia. En esa casa de estudios todo es excesivamente prístino, excesivamente arbolado. Los jardines parecen diseñados por manicuras, los estudiantes parecen emerger de la revista *Vogue*, y los castillos parecen presumir de una antigüedad a veces maquillada, como si las hiedras prosperasen velozmente ayudadas por fertilizantes.

Ese ambiente colocó a Sonia a la defensiva. Ella comenzó "tímidamente", dijo Sergio Sotolongo, quien estudió en Princeton con Sotomayor[2].

En ocasiones, Sonia parecía "intimidada por otros, y realmente no alzaba mucho la mano", dijo Sotolongo. Tampoco la ayudaba el hecho de ser mujer. Princeton había abierto sus puertas a las mujeres hacía apenas tres años. Los hombres superaban en gran número a las mujeres, y eso era recordado con persistencia.

Judith Perlman, otra compañera de estudios de Sonia, dijo que cuando iba a una clase y expresaba sus opiniones, el profesor le respondía, "Oh, nosotros generalmente expresamos nuestras opiniones de una manera más caballeresca". Al parecer, el profesor reclamaba de las mujeres opiniones femeninas, no feministas.

Y aunque Sonia concluiría graduándose *summa cum laude* en Princeton, y obteniendo el preciado galardón Moses Taylor Pyne, su primer año fue escasamente memorable.

Peter Winn, una importante influencia en la vida universitaria de Sonia, y quien fue el asesor de su tesis, dijo que sus primeros trabajos reflejaban el hecho de que el inglés no era su primera lengua.

Y si bien terminó siendo "muy enérgica y muy elocuente," eso no siempre fue así, dijo Winn*.

---

* La energía y el poder de convicción de Sonia pueden verificarse en este hecho: logró persuadir a Winn para que creara un seminario sobre la historia y la política de Puerto Rico.

En una entrevista publicada en la revista *Newsweek*, Winn dio nuevos matices al retrato. Aunque Sonia Sotomayor era "claramente muy inteligente y dedicada", también parecía "intimidada. No hablaba en clase". Y la propia Sonia admitió que sus ensayos eran "muy rebuscados y complicados", y "su gramática y su vocabulario todavía débiles". Y Winn se abocó a la tarea de mejorarlos, "enseñándole cómo escribir frases claras, declarativas", señaló el artículo de *Newsweek*. "Y, aun más importante, le enseñó un pensamiento crítico. Sotomayor provenía de un colegio secundario católico, el Cardinal Spellman, donde se aprendía de memoria y se enseñaba a los alumnos a obedecer la autoridad". Se trata de una enseñanza que, por cierto, es, o era, bastante generalizada en América Latina. Y no se limitaba a las escuelas católicas. De creer al genial escritor polaco Witold Gombrowicz, también se extendía a las escuelas y colegios de muchas naciones europeas, donde había que aprender de memoria a ser patriota, a admirar a los poetas locales, aunque no fuesen buenos, simplemente porque habían nacido en el mismo terruño, y donde los pobres educadores debían adquirir "cuerpos profesorales" para imponer su autoridad.

La norma de Winn era sencilla y demoledora: "Debes criticar todo, especialmente las cosas con las cuales estás de acuerdo".

Nancy Weiss Malkiel, en la actualidad decana de la Universidad de Princeton, también señaló, al igual que Winn, la gran inteligencia y gran capacidad de Sonia, aunque carecía "de bases sofisticadas" con relación al estudio de la historia.

Sonia no se conformó con seguir el horario de clases. Trató de estudiar por su cuenta, y de ponerse al día con los clásicos, para entrar en sintonía con la cadencia del inglés, según señaló años más tarde. Pero dos de los clásicos, *Alicia en el país de las maravillas*, de Lewis Carroll, y *Huckleberry Finn*, de Mark Twain, hablan de una mente muy sofisticada, amante del humor, del absurdo, de los juegos de palabras.

Un año después de ingresar en Princeton, Sonia ya tenía

los pies bien plantados en la tierra, dijo a CNN James Resnick, otro de sus condiscípulos.

Junto con Charles Hey-Maestre, Sonia fundó la organización estudiantil Acción Puertorriqueña. Y para 1974, formuló declaraciones en nombre del grupo para el periódico estudiantil *The Daily Princetonian*. El grupo contribuyó a presentar una demanda ante el Departamento de Salud, Educación y Bienestar, acusando a la Universidad de Princeton de mostrar "falta de compromiso" en el reclutamiento de estudiantes hispanos y en la contratación de personal administrativo y docente. La demanda obligó a la universidad a comenzar a abrir sus puertas a los hispanos.

Hey-Maestre, en la actualidad director de los Servicios Legales de Puerto Rico en San Juan, destacó la capacidad de Sotomayor de controlar su inseguridad, y no demostrarla.

Y aunque muy preocupada por sus estudios, Sonia también tenía una intensa vida social, y nunca descuidaba las celebraciones puertorriqueñas. Por esa época, fue novia de Kevin Edward Noonan.

Además de sus ingentes tareas en la universidad, Sonia también logró reservar algunas horas para trabajar gratis como intérprete para pacientes hispanos en el hospital psiquiátrico de Trenton.

Sotolongo, quien estaba trabajando en esa época en un proyecto para el departamento de policía de Trenton, recordó las prolongadas conversaciones que mantuvo con Sonia acerca de la delincuencia juvenil, tema que le preocupaba mucho, y que discutía "en toda clase de círculos", dijo Sotolongo.

Los estudios y el activismo estudiantil de Sonia Sotomayor, lograron combinarse con una sólida formación académica. Su tesis *summa cum laude* analizó el espinoso tema de los logros y fracasos del líder puertorriqueño Luis Muñoz Marín. La tesis, *La Historia Cíclica de Puerto Rico: The Impact of the Life of Luis Muñoz Marín on the Political and Economic History of Puerto Rico, 1930–1975*, obtuvo una mención honorífica del Premio Latin American Studies Thesis.

Winn dijo que Sonia intentó ser imparcial "con puntos de vista con los cuales no coincidía necesariamente".

Sonia trazó los pasos del político que tuvo una influencia fundamental en la creación de una constitución para Puerto Rico y su cambio de estatus a Estado Libre Asociado. Al mismo tiempo, no ocultó su propia posición política señalando que Puerto Rico debía ser un país independiente.

El historiador K.C. Johnson, del Brooklyn College, dijo en declaraciones a *National Journal*[3] que "la tesis es bastante buena. No estoy seguro de que se trate de una tesis para un *summa cum laude*... pero eso depende esencialmente de la competencia y de los estándares de esa época". En cuanto a la tesis en su conjunto comentó que "se halla respaldada por una sólida investigación y está bastante bien escrita. Usa gran cantidad de datos, más o menos presentes en el argumento, y cuenta con un enfoque pedagógico".

Johnson destacó también que hay "algunos elementos discordantes que contrastan con ese enfoque pedagógico. En primer lugar, tengo curiosidad por saber cuándo Sotomayor cesó de ser una nacionalista puertorriqueña que estaba a favor de la independencia, tal como señaló en el prefacio".

Johnson también se mostró extrañado que Sonia llamase al Congreso de Estados Unidos "The North American Congress" (el Congreso de América del Norte) o "The Mainland Congress" (el Congreso de Tierra Firme). Tal vez acatando esa tesis, bromeó Johnson, Sotomayor estaba buscando en 2009, "el nombramiento para la Corte Suprema de América del Norte" por parte "del Senado de América del Norte". Ese tipo de "retórica", indicó Johnson, "era muy modernista y no tan rara entre los sectores académicos marginales vinculados a estudios sobre América Latina".

En su tesis, Sonia señaló que el programa económico de Muñoz Marín, denominado Operation Bootstrap, fracasó en buena parte pues los puertorriqueños seguían considerándose a sí mismos como colonizados. De acuerdo al profesor Johnson, ese era otro ejemplo de "una retórica moderna de la década de los setenta que se basaba en la teoría de la dependencia". Para Johnson, la tesis no estaba respaldada "por la evidencia que (Sonia Sotomayor) presentó en su tesis —ni, por cierto, por virtualmente ninguna otra evidencia que ha aparecido desde esa época".

El 14 de agosto de 1976, poco después de graduarse de Princeton, Sonia se casó con Noonan, biólogo y abogado de patentes, en una pequeña capilla de la Catedral Saint Patrick en Nueva York. El matrimonio concluyó en divorcio en 1983, luego de siete años*.

---

* La pareja no tuvo hijos. La juez señaló en cierta ocasión que "me ha resultado difícil mantener una relación" durante los años en que avanzaba en su carrera profesional. Reconoció sin embargo que la vida sin una pareja "carece de genuina felicidad". Al mismo tiempo, no cree que dos cónyuges deban compartir las mismas tareas profesionales. Hace algunos años dijo que si decidía volver a casarse, los abogados estaban excluidos de sus preferencias románticas. En 1997, inició una relación sentimental con el contratista de construcción Peter White. La relación concluyó en 2000.

LA METAMORFOSIS DE SONIA SE COMPLETA EN YALE

PARA EL MOMENTO en que Sonia Sotomayor ingresó a la Facultad de Derecho de la Universidad de Yale, en 1979, su transformación se había completado. La tímida estudiante temerosa de alzar su mano en las aulas de la Universidad de Princeton había sido reemplazada por una Sonia "confiada", "extrovertida", categórica en sus opiniones[1].

"Ella siempre estaba dispuesta a expresar su punto de vista", dijo a CNN Robert Klonoff, uno de sus compañeros de clase, y quien es ahora decano de la Facultad de Derecho Lewis and Clark, en Portland, Oregon. "Inclusive en esa época pensaba que en un grupo de personas muy, pero muy inteligentes, ella estaba destinada a alcanzar cargos importantes".

Muchos compañeros de promoción destacaron su capacidad para el estudio, y para hacer amigos.

"En una época en que otros estudiantes se preocupaban por el volumen de trabajo, ella hacía sus tareas", dijo Stephen Carter, quien es ahora profesor en la Facultad de Derecho de Yale.

Y Sonia nunca trató de conquistar simpatías por su origen humilde. "Ella nunca creyó que sus antecedentes le ofrecieran algún tipo de ventaja", dijo Carter. Al mismo tiempo, Sonia logró influir a otras personas. Klonoff señaló que el énfasis que daba Sotomayor a la necesidad de ofrecer oportunidades a las minorías, fue un factor muy importante en sus tareas posteriores. "Como decano, siento la apasionada necesidad de que exista diversidad en mi facultad de derecho y en diversificar el cuerpo estudiantil", dijo Klonoff. Sotomayor "tuvo mucha influencia en la manera de pensar en eso, en la importancia de esos valores".

Además de distinguirse en sus estudios, Sotomayor fue directora de la revista *Yale Law Journal*. Todavía algunos de sus compañeros recuerdan un artículo que publicó en la revista acerca de si Puerto Rico podía perder sus derechos a la explotación de minerales costa afuera si se convertía en un estado más de Estados Unidos. Carter expresó su admiración por el artículo de Sotomayor, pues utilizó en su análisis una antigua doctrina constitucional, examinando sus raíces, su lógica y la mejor forma de diseñar excepciones.

"Su trabajo fue exhaustivo, pertinaz, cuidadoso y persuasivo. Estaba sumergido en fuentes legales, y mostraba su atención por las consecuencias que podía tener en el mundo real", dijo Martha Minow, en la actualidad profesora en la Facultad de Derecho de la Universidad de Harvard.

Y Carter indicó que las opiniones de Sotomayor como juez del Tribunal de Apelaciones reflejan algunas de las cualidades observadas en el artículo, especialmente la idea de encontrar una solución práctica "intermedia" a un problema.

"Ella observaba (un caso) y decía: 'Entiendo que muchas personas piensan A, y gran cantidad de personas piensan Z, pero si se analiza con cuidado, la verdadera respuesta está entre ambos' ", dijo Carter. Y para eso, Sotomayor aplicaba "un sentido práctico, el de alguien que ha sido abogado en un tribunal".

Klonoff, quien consideró como un "golpe maestro" la decisión del presidente Barack Obama de nominar a Sotomayor para la Corte Suprema, le dijo a CNN que "dadas las experiencias de su vida, creo que tendrá una sensibilidad que muchas otras personas son incapaces de demostrar en esa tarea".

A su vez Rudy Aragón, quien fue con Sotomayor copresidente de la agrupación estudiantil LANA (Latin, Asian, and Native American Student Association), dijo que Sonia "es realmente inteligente, de gran brillo intelectual, y con gran conocimiento de la vida. Y eso es muy importante cuando alguien es un juez".

En Yale, uno de sus primeros mentores fue el profesor José A. Cabranes, quien le explicó "cómo podía triunfar 'dentro del sistema' "[2]. Fue el comienzo de una amistad con altibajos, y también de agudos enfrentamientos. Treinta años después, Cabranes y sus cinco colegas del Tribunal de Apelaciones del Segundo Circuito cuestionaron la decisión de tres jueces, entre ellos Sotomayor, en el caso de *Ricci vs. DeStefano*, un caso que senadores republicanos usaron para intentar descarrilar la nominación de Sotomayor*. En su opinión, Cabranes expresó "la esperanza de que la Corte Suprema resuelva temas de gran importancia planteados por este caso". La Corte Suprema resolvió en favor de los bomberos demandantes.

Sin embargo, en una entrevista con *The New York Times*, el juez Cabranes expresó que se sentía "afligido" de que los críticos de Sotomayor hubieran usado su opinión en el caso *Ricci vs. DeStefano* para atacar las credenciales de la juez. La nominación de Sotomayor para la Corte Suprema, dijo "colma la copa de mis esperanzas en ella".

De todas maneras, algunos amigos sugieren que Cabranes,

---

* En el caso, que analizamos en detalle más adelante, diecinueve bomberos blancos y un hispano acusaron a funcionarios de la ciudad de New Haven, Connecticut, de practicar "racismo a la inversa" al desechar los resultados de dos exámenes de promoción.

cuyo nombre fue mencionado en tres oportunidades como candidato a la Corte Suprema, puede haber sentido ambivalencias sobre el destino de su protegida.

" '¿Cómo se siente José Cabranes acerca de la nominación?' ", preguntó Drew Ryce, otro de los protegidos de Cabranes. '¿Cómo se sentía Satchel Paige acerca de Jackie Robinson?' "[3]

Durante sus años en Yale, Sotomayor pasó a dirigir la revista especializada *The Yale Law Journal*. En su tercer año en la Universidad, presentó una demanda contra la firma de abogados Shaw, Pittman, Potts & Trowbridge de Washington, D.C., por sugerir en el curso de una cena de reclutamiento que ella había llegado a Yale no por sus méritos, sino como producto de las leyes de acción afirmativa. Sotomayor se negó a ser entrevistada ulteriormente por la firma, y presentó su demanda ante un tribunal compuesto por estudiantes y docentes, que fallaron en su favor. En diciembre de 1978, la firma de abogados se disculpó ante Sotomayor en una nota que fue publicada por *The Washington Post*. Graduada en 1979, Sotomayor fue admitida en el Colegio de Abogados de Nueva York en 1980.

Orgullo en viviendas públicas donde creció juez Sotomayor

José Acosta

El Diario La Prensa, Nueva York, 27 de mayo de 2009

NUEVA YORK—Residentes de las viviendas públicas Bronxdale Houses del sur de El Bronx, donde se crió la juez Sonia Sotomayor, dijeron sentirse orgullosos de que una persona salida de este complejo fuera nominada al Tribunal Supremo, el puesto más alto en el sistema judicial de los Estados Unidos.

El Bronxdale Houses fue descrito por varios residentes como un lugar donde en la actualidad no es raro oír disparos en la noche, donde se ven jóvenes vendiendo drogas, y donde los pandilleros dibujan grafitis en las paredes.

Pero según Carmen Delgado, de 89 años, y quien lleva más de 50 años residiendo en el 1040 de la avenida Rosedale, uno de los edificios de siete pisos del complejo junto a la autopista Bruckner, "en la época en que Sotomayor se crió, el (complejo de viviendas) no era así".

"Yo me mudé aquí en 1955, y esto era una delicia, era muy tranquilo. Pero con el tiempo se ha ido dañando", dijo Delgado. "Antes había respeto por el vecino: después de las 10 de la noche nadie encendía un radio. Todos éramos como una familia", agregó.

Delgado dijo que se siente orgullosa de que una mujer hispana, criada en los complejos públicos del sur de El Bronx, pueda llegar al Tribunal Supremo.

"Cuando escuché la noticia me sentí muy orgullosa de ella y de su madre, porque yo soy madre y también luché para que mis hijos estudiaran", dijo Delgado, quien tiene una hija que es enfermera, otra que es secretaria y un hijo que es técnico en rayos X.

Olga Cabassa, de 68 años, con 35 años residiendo en Bronxdale Houses, dijo también que se sintió orgullosa de Sotomayor, porque da una imagen mejor de los complejos de vivienda pública y no sólo la de un lugar donde hay pandillas, drogas y crimen.

Fernando Ares, quien nació en el complejo de viviendas y cursa el decimosegundo grado en la escuela secundaria Stevenson, aseguró que cuando escuchó la noticia de Sotomayor, pensó: "Puedo postularme a la presidencia si quiero, porque la nominación de Sotomayor como que nos dio esperanza, nos enseña a ser mejores cada día".

SEGUNDA PARTE

Los años decisivos:

su carrera y veredictos

El 26 de mayo de 2009, el presidente de Estados Unidos Barack Obama anunció que había nominado a la juez Sonia Sotomayor para el cargo que el juez David Souter había dejado vacante en la Corte Suprema.

"Cuando Sonia Sotomayor suba las escaleras de mármol a fin de ocupar su lugar en el tribunal supremo de esta tierra", dijo Obama al presentar a Sotomayor en la Casa Blanca, "Estados Unidos habrá dado otro importante paso hacia la concreción del ideal que está esculpido en la parte superior de la puerta de entrada: Justicia igualitaria bajo la ley"[1].

—*The New York Times*, 27 de mayo de 2009

6

UNA VEZ CONCLUIDOS SUS ESTUDIOS, y gracias en parte a la recomendación de Cabranes, Sotomayor fue contratada en 1979 en la fiscalía del condado de Nueva York por el célebre fiscal Robert Morgenthau. Ella reconoció el dilema que representó esa labor. "Había una tremenda presión de mi comunidad, y de la comunidad del tercer mundo, en Yale", dijo. "Ellos no podían entender por qué había aceptado ese trabajo. No estoy segura de haber resuelto alguna vez ese dilema". Era una época en que la delincuencia y la drogadicción en Nueva York habían llegado a un nivel crítico. Y el miedo escénico que Sonia había tenido previamente en su primer año en Princeton, se repitió en los tribunales, donde temía lidiar con los jueces. Pero la experiencia fue invaluable. En la comedia y tragedia humana del crimen, la juez Sotomayor tuvo que intervenir en todo tipo de casos, desde hurto en las tiendas hasta prostitución, robos, agresión a mano armada y homicidios. Y también investigó casos de brutalidad policial. Tras los años de la universidad, donde vivió en un ambiente ascéptico y levemente irreal, la muchacha de El Bronx volvía a recorrer la jungla de asfalto. Sus colegas dijeron que nunca temió aventurarse en vecindarios peligrosos. En muchas ocasiones debió enfrentar condiciones sórdidas a fin de entrevistar testigos escasamente cooperativos. Tal como su ídolo Perry Mason, comenzó a destacarse en los tribunales en el interrogatorio de testigos. En 1983 contribuyó a la condena de "Tarzán el asesino", que dotado de gran destreza acrobática ingresaba a apartamentos, los saqueaba y, en ocasiones, mataba a los residentes sin motivo alguno. Y si bien al principio Sotomayor consideraba los delitos menores producto de condiciones socioeconómicas, y trataba de no ser draconiana, tenía una actitud muy distinta con los crímenes graves. "Sin importar lo liberal que sea, todavía me siento indignada ante los crímenes violentos", declaró en cierta ocasión. "Sin importar si puedo simpatizar o no con las causas que condujeron a esos individuos a cometer crímenes, los efectos me causan indignación". Y los delitos "más tristes", agregó, "son para mí aquellos que mi propia gente comete entre sí".

Algo inusitado en esa época fue su peculiar celo en investigar casos de pornografía infantil. Trabajando un promedio de quince horas diarias, Sotomayor empezó a adquirir fama en la oficina del fiscal de Nueva York. Morgenthau señaló luego que ella era "inteligente, con gran capacidad de trabajo, y gran sentido común", y había demostrado ser "una fiscal intrépida y eficaz". Al cabo de algunos años, Sotomayor decidió que tenía que cambiar de trabajo pues este estaba minando sus defensas, y "uno comienza a olvidar que también existen personas decentes, que respetan la ley".

En 1983, Sonia Sotomayor y Edward Noonan se divorciaron de mutuo acuerdo. Ella dijo que las presiones de su vida profesional habían contribuido a la ruptura del vínculo matrimonial, pero no habían sido el principal factor.

7

UNA CONSULTA PRIVADA ANTES DE INGRESAR
EN LA JUDICATURA

DURANTE ALGÚN TIEMPO, Sotomayor tuvo una consulta bastante informal en el estudio de abogados Sotomayor & Associates, que la mayor parte del tiempo constaba exclusivamente de la abogada Sotomayor. La oficina estaba situada en su apartamento en Brooklyn. Sus ingresos no deben haber sido muy elevados, pues ofrecía consejos legales a amigos, o a miembros de la familia. Y conociendo a Sonia, y su vocación de servicio, es bastante improbable que haya cobrado dinero por su asesoramiento legal.

En 1984, Sotomayor ingresó en la práctica privada, sumándose a la firma Pavia & Harcourt de Manhattan, especializada en litigios comerciales. Era una abogada más entre treinta profesionales, y se especializó en litigios sobre propiedad intelectual, ley internacional y arbitraje. No fue una etapa de la que Sonia hable en excesivo detalle. Su propósito esencial, dijo luego, "era que quería completar" su experiencia en el terreno del derecho. Sus ambiciones nunca fueron de dinero. Siempre le interesó más la labor pública. (Algunos amigos lamentan que Sonia haya terminado siendo juez de la Corte Suprema. Aunque reconocen la gran importancia de ese nombramiento, consideran que con sus cualidades se hubiera podido convertir en una dirigente de gran influencia política en la comunidad hispana).

Pero la experiencia de Sonia Sotomayor como fiscal en la oficina de Morgenthau no fue dilapidada en Pavia & Harcourt. Varios de sus clientes, en su mayor parte corporaciones multinacionales, habían contratado los servicios de la firma de abogados para perseguir y procesar a falsificadores de mercancía. Hubo instancias en que Sotomayor tuvo que ir acompañada de policías a Harlem o a Chinatown para confiscar mercancía ilegal. Y en una oportunidad, como si hubiera sido la reencarnación de Nancy Drew, se montó en una motocicleta para perseguir a un sospechoso[1].

Pese a ello, más allá de esas apasionantes experiencias, Sonia no se sentía muy contenta en ese trabajo. En 1986, durante una entrevista en el programa de televisión *Good Morning America,* dijo que el trabajo en la firma era en general muy pesado, y que tenía esperanzas de poder dedicar su oficio a otras tareas. Sonia abandonó Pavia & Harcourt en 1992, cuando la nombraron juez de distrito.

Una breve explicación de la jerarquía de las cortes

En la mayoría de los estados norteamericanos, hay tribunales de primera instancia, también conocidos como tribunales de jurisdicción general. Sus magistrados son jueces de distrito. Si un litigante no está satisfecho con la decisión del tribunal de primera instancia, puede apelar ante un tribunal de apelaciones del estado, también conocido como *intermediate appellate court* o tribunal intermedio de apelaciones. (En Nueva York se conoce como la División de Apelaciones de la Corte Suprema Estatal). En última instancia, el litigante puede apelar ante el *Court of Appeals*, o Tribunal de Apelaciones. Ese tribunal es la máxima instancia judicial del estado, y sus magistrados son conocidos en algunos estados como jueces de circuito.

Sonia Sotomayor fue juez de primera instancia o de distrito en la corte del Distrito Sur de Nueva York, y posteriormente, juez en el Tribunal de Apelaciones del Segundo Circuito, que es la corte estatal de último recurso. Esa corte es uno de los trece tribunales de apelaciones de los Estados Unidos. Su territorio incluye, además de Nueva York, los estados de Connecticut y Vermont.*

---

* Información de Wikipedia

8

LA JUEZ SOTOMAYOR

EL 27 DE NOVIEMBRE DE 1991, el presidente George H. W. Bush nominó a Sotomayor para un cargo en la corte del Distrito Sur de Nueva York. Fue una nominación que contó con el respaldo de demócratas y de republicanos. El senador Edward Kennedy elogió en esa oportunidad a Sotomayor por realizar tareas gratuitas en favor de presos pobres.

El 11 de agosto de 1992, y por unanimidad, el Senado en pleno de Estados Unidos confirmó su nominación.

De esa manera, Sotomayor se convirtió en la juez más joven del Distrito Sur de Nueva York, en la primera juez hispana en el estado de Nueva York y en la primera puertorriqueña en adquirir esa distinción.

Cinco años después, el 25 de junio de 1997, el presidente Bill Clinton nominó a la juez Sotomayor para un cargo en el Tribunal de Apelaciones del Segundo Circuito. Al principio, la nominación pareció asegurada. Pero miembros de la mayoría republicana en el Senado temían que la intención de Clinton fuese la de colocar a Sotomayor en posición de convertirse en

aspirante a un lugar en la Corte Suprema, y decidieron bloquear su nominación. Para ello contaron con los invalorables
oficios del comentarista radial Rush Limbaugh, quien tras ca-
lificar a la juez de "ultraliberal", señaló que ésta se hallaba
montada "en un cohete" cuyo destino era la Corte Suprema[1].

También el periódico *The Wall Street Journal*, en su in-
fluyente página editorial, señaló que el gobierno de Clinton
intentaba nombrar a Sonia Sotomayor como juez del Segundo
Circuito "y luego ascenderla a la Corte Suprema tan pronto
como se registre una vacante". El periódico criticó dos de los
fallos de la juez Sotomayor, y recomendó que su confirmación
fuese demorada[2].

Finalmente, el 2 de octubre de 1998, y luego de que varias
organizaciones hispanas lanzaron una petición en Nueva
York, la juez Sotomayor fue confirmada por el Senado por sesenta y siete votos a favor y veintinueve en contra. La juez recibió el apoyo completo de los demócratas y el respaldo de
veinticinco legisladores republicanos.

Los avatares de esa confirmación indignaron a Sotomayor.
Poco después, dijo a *The Daily News* que los republicanos se
habían dejado llevar por sus prejuicios, a raíz de que era una
hispana. "Creo que las preguntas formuladas simbolizaban las
expectativas de cierta gente (que pensaba) que yo debía ser
una liberal. Eso es un estereotipo", indicó. "Y el estereotipo es
quizás el problema más insidioso que afecta en la actualidad a
nuestra sociedad"[3].

Sotomayor: historial de fallos sólidos

Editorial de *El Diario La Prensa*, Nueva York,
13 de julio de 2009

LOS REPUBLICANOS HAN PASADO SEMANAS atacando a la nominada a la Corte Suprema, Sonia Sotomayor. Sin embargo, un estudio exhaustivo de sus fallos judiciales da al traste con sus distorsionadas e imprecisas acusaciones.

Los republicanos y sus duchos expertos —quienes no han escatimado el uso del lenguaje sexista y racista— han catalogado a Sotomayor de activista judicial. La etiqueta es un débil intento para reclamar que ella se remite a una agenda política en lugar de a las normas de la ley.

Pero he aquí lo que dijo un equipo de 11 peritos analistas jurídicos que estudiaron sus 1.194 casos: "La conclusión es inequívoca: en los casos constitucionales, la juez Sotomayor está sólidamente a tono con la corriente del Segundo Circuito".

El Centro Brennan para la Justicia coordinó este profundo estudio, que fue leguas más allá que cualquier otra investigación en la medida en que compara a Sotomayor con sus compañeros en el Segundo Circuito, quienes han visto una mezcla similar de casos durante el mismo período. Entre las conclusiones del Centro se encontró que, los jueces nominados por republicanos han estado de acuerdo con su decisión de impugnar la inconstitucionalidad de acciones del gobierno en casi un 90 por ciento de los casos.

El Centro estudió cada caso constitucional decidido en el Segundo Circuito en la década en que ella trabajó allí. El análisis también está en consonancia con observaciones hechas por una larga lista de individuos familiarizados con la labor de Sotomayor y con su carrera. Todos, desde los antiguos empleados, empleadores y colegas han citado su profundo respeto por la defensa de los valores constitucionales. Apenas la semana pasada, la Asociación de Abogados Estadounidenses (ABA) le dio a Sotomayor su calificación más alta.

Sin embargo, con las audiencias de confirmación en el Senado esta semana, los republicanos seguirán distorsionando el historial de Sotomayor. Ellos se basarán en la falsa y racista premisa que sólo hombres conservadores, blancos, pueden juzgar imparcial y justamente.

Tal como lo señalara recientemente la senadora Dianne Feinstein, miembro de la comisión judicial, los ataques republicanos también son insinceros. Feinstein se refirió al activismo conservador de los últimos años en el Tribunal Supremo, el cual ha revertido precedentes jurídicos en una serie de casos.

Teniendo en cuenta todo su interés en atizar temores infundados acerca de Sotomayor, los republicanos deben limitar sus artimañas durante las audiencias y formular preguntas basadas en hechos y en contexto, no en reclamos endebles.

Fidelidad a la ley

El lunes, la juez Sonia Sotomayor, nominada al Tribunal Supremo de Justicia, en sus observaciones iniciales, estableció el ambiente y las bases para el resto de las audiencias de confirmación. Y, al mismo tiempo contrarrestó lo que el senador republicano de Alabama, y ex nominado rechazado a juez federal, Jeff Sessions, calificó como una juez que "representa el tipo de juez activista que pone en peligro los cimientos tradicionales del sistema jurídico de los Estados Unidos".

Cierto, las experiencias personales y profesionales de Sotomayor la ayudaron a escuchar y entender, sin embargo, como dijo ella, "con la ley siempre comandando el resultado en cada caso".

Por otra parte, Sotomayor hizo clara como el agua su filosofía judicial. "Es simple: fidelidad a la ley. La tarea de un juez no es hacer la ley, es aplicar la ley. Y es evidente, creo, que mi historial... refleja mi compromiso riguroso con la interpretación de la Constitución de acuerdo con sus términos, la interpretación de los estatutos de acuerdo con sus términos y con la intención del Congreso, y siempre conforme y fiel a los precedentes establecidos por el Tribunal Supremo y por mi corte de circuito. En todos y cada uno de los casos que he escuchado, he aplicado la ley a los hechos que hay a mano".

Sin embargo, el senador de Alabama fue inflexible en su crítica del historial de Sotomayor. Hace quince años, la juez dijo: "Las experiencias afectan los hechos que decido ver". Sessions, apartándose de sus comentarios preparados dijo: "La frase me molesta".

Lo que (molesta) al senador Sessions, un ex fiscal general en su estado natal, (es que la frase parece ir en contra del viejo adagio de los abogados que él trata de aplicar): "Si no se cuenta con la ley, se refutan los hechos; si no se cuenta con los hechos, se refuta la ley; si no se cuenta ni con los hechos ni con la ley, entonces se refuta la Constitución".

En este caso, el senador Sessions no puede refutar ni la ley ni los hechos, mucho menos la Constitución.

9

UN OBSTÁCULO: EL CASO *RICCI VS. DESTEFANO*

SI EN ALGÚN MOMENTO ESTUVO a punto de naufragar la nominación de Sonia Sotomayor a la Corte Suprema, fue a fines de junio de 2009, cuando el máximo tribunal consideró el llamado "caso de los bomberos" (*Ricci vs. DeStefano*). Inclusive simpatizantes de la juez Sotomayor criticaron el fallo en que la juez participó con otros dos miembros del Tribunal de Apelaciones, pues lo consideraban "discriminación a la inversa".

En 2003, el departamento de bomberos de New Haven, Connecticut, anunció que había quince vacantes para los cargos de tenientes y capitanes. Se presentaron 118 candidatos. El departamento le hizo pruebas escritas y orales a los candidatos a esas promociones, tal como lo exigen las leyes estatales y de la ciudad. Pero la junta de servicios civiles de New Haven se negó a certificar los resultados, y ninguna promoción fue aprobada.

La junta de servicios civiles de New Haven consideró inaceptables los resultados de los exámenes. Ninguno de los veintisiete afroamericanos que se habían postulado tuvo una calificación lo suficientemente alta para obtener una de las quince posiciones abiertas para capitán y teniente, aunque un

37,4 por ciento de la población de New Haven está constituida por afroamericanos. El afroamericano que se clasificó
más alto para el cargo de capitán figuró en decimosexto lugar,
detrás de doce blancos y tres hispanos. En el examen para teniente de bomberos, los afroamericanos con más altas notas
figuraron en los puestos decimocuarto, decimoquinto y decimosexto.

Los funcionarios de la ciudad de New Haven decidieron,
de manera salomónica, que nadie debía obtener la promoción a teniente o capitán, unos, por haber obtenido altas
marcas en los exámenes, y otros, porque su desempeño
había sido inferior al esperado. El razonamiento de las autoridades de New Haven era bastante pragmático: si aceptaba
los resultados de los exámenes, posiblemente los bomberos
afroamericanos entablarían una demanda por discriminación
bajo el Título VII de la Ley de Derechos Civiles de 1964. La
Comisión de Oportunidades Iguales en el Empleo, un organismo federal, tiene la llamada "norma de las cuatro-quintas
partes". Esa norma señala que si en un examen vinculado
con empleos la tasa de aprobación de una minoría racial es
inferior al 80 por ciento de la tasa de blancos, el examen es-
taría fallado.

Los funcionarios de la ciudad de New Haven señalaron
que creían "de buena fe" que la cancelación de las pruebas de
promoción era necesaria para evitar una demanda. Con esa
visión con anteojeras que caracteriza a tantos burócratas,
éstos pensaron que bastaba evitar los litigios de los bomberos
afroamericanos para mantener la paz social. Nunca pensaron
que la demanda podía provenir del lado de diecinueve bomberos blancos (y un hispano).

Frank Ricci, el principal demandante, había sido bombero
en New Haven durante once años, e hizo el examen para ser
ascendido a teniente. Ricci, un disléxico, se preparó con entusiasmo para los exámenes. Inclusive renunció a un segundo

empleo a fin de dedicar más horas al estudio. Y su empeño dio resultados: figuró en sexto lugar entre los setenta y siete candidatos que habían tomado las pruebas.

Ricci se molestó cuando los funcionarios de la ciudad de New Haven decidieron dejar de lado los resultados, y junto con otros diecinueve colegas entabló una demanda ante una corte de distrito. La demanda fue rechazada. Como indicó la juez Janet Bond Arterton, los demandantes, con Ricci a la cabeza, no habían sido víctimas de discriminación racial. En realidad, no habían sido víctimas de nada. "Todos los postulantes tomaron el mismo examen, y el resultado fue el mismo para todos", señaló la juez Bond Arterton en un fallo inolvidable, "pues los resultados de los exámenes fueron descartados y nadie fue ascendido"[1].

El caso pasó a un tribunal federal de apelaciones, uno de cuyos jueces era Sonia Sotomayor. En 2006, Sotomayor y otros dos jueces fallaron en contra de Ricci y los otros diecinueve demandantes.

En un fallo unánime, el Tribunal de Apelaciones del Segundo Circuito indicó que New Haven había rechazado legalmente los exámenes de los bomberos al invocar el Título VII de la Ley de Derechos Civiles. Bajo la ley federal, los gobiernos deben presumir la existencia de discriminación cuando los exámenes afectan a las minorías de manera desproporcionada.

"En otras palabras", dijo el blog Black Political Views, que se identifica con sectores afroamericanos conservadores, "si Sotomayor discriminó contra blancos, ella estaba simplemente acatando la ley federal. Y eso es lo contrario al activismo judicial"*.

---

* Linda Greenhouse, quien cubrió las actividades de la Corte Suprema para *The New York Times* durante casi tres décadas, desechó la idea de que el caso *Ricci vs. DeStefano* hubiera podido desbaratar la confirmación de Sonia Sotomayor. En un correo electrónico al autor de este trabajo, el 28 de agosto de 2009, Greenhouse dijo que "El (Tribunal del) Segundo Circuito decidió el caso según el precedente anterior, y la Corte Suprema cambió las normas".

Repercusiones del fallo

Richard Cohen, columnista de *The Washington Post,* escribió una serie de columnas sobre la nominación de Sonia Sotomayor, algunas favorables, otras muy críticas. Cohen elogió por ejemplo las virtudes de Sotomayor, e inclusive celebró su discurso de 2001 sobre la "latina sabia", destacando "la virtud de la diversidad". "La vida de Sotomayor en los *projects*", dijo Cohen, "nos enseña que" en esas unidades habitacionales "hay muchas personas como ella".

Cohen indicó que en esos complejos habitacionales crecieron Kareem Abdul-Jabbar y Caryn Elaine Johnson, más conocida como Whoopi Goldberg. Y también Joel Klein, rector del sistema de escuelas de la ciudad de Nueva York, y el periodista de la revista *The New Yorker,* Ken Auletta.

"Inevitablemente, aquello que esas personas tienen en común", dijo Cohen, "son uno o dos padres o guardianes (legales) de gran dedicación que sabían que la vivienda, pública o de otro tipo, es donde el cuerpo pasa parte de su tiempo. La mente puede vivir en cualquier parte. En el caso de la niña Sotomayor, ella leía a Nancy Drew y miraba por televisión la serie *Perry Mason.* Ella imaginó que podría convertirse en una abogada. Ahora, tal vez, una niña puede imaginar que algún día será juez de la Corte Suprema".

Al analizar el "caso de los bomberos" Cohen dijo que "la acción afirmativa descarada siempre acarrea un cambio de las normas perturbador y ex post facto: 'Ay, usted es blanco. Lo lamento, no era lo que queríamos'. Como consecuencia, no son los racistas los castigados, sino todos los blancos. No hay necesidad de seguir aferrados a esos remedios. Pero existe, sin embargo, toda necesidad de retener y fortalecer las leyes contra la discriminación, especialmente en áreas tales como los departamentos de bomberos, donde la discriminación racial fue en una época endémica. Se han hecho progresos suficientes para comenzar a tratar (nuevamente) a individuos como individuos"[2].

Tribunal anula decisión de Sotomayor

Corte Suprema revoca fallo en el caso *Ricci vs. DeStefano* y la coloca en aprietos ante las audiencias de confirmación

Antonieta Cádiz
La Opinión, Los Ángeles, 30 de junio de 2009

WASHINGTON, D.C.—Eran las 10 de la mañana en la Corte Suprema y la expectativa periodística ya no se podía contener en la sala. Sin más preámbulos el juez Anthony Kennedy comenzó a leer el veredicto en que su voto había dado la mayoría a favor de revertir la sentencia del famoso caso *Ricci vs. DeStefano*, que inevitablemente afecta la nominación de la juez Sonia Sotomayor.

Por cinco votos contra cuatro, el máximo tribunal determinó que en *Ricci vs. DeStefano*, los funcionarios de la ciudad de New Haven, Connecticut, violaron el Acta de Derechos Civiles de 1964, que prohibe la discriminación en empleos basada en raza, color, religión, sexo u origen nacional.

En este sentido, la Corte Suprema revocó la decisión de la Corte de Apelaciones del Segundo Circuito —integrada antes por la juez Sotomayor—, que descartó una prueba para otorgar ascensos, considerando que ningún afroamericano había calificado en el examen.

Kennedy indicó en su opinión que "toda la evidencia demuestra que la ciudad eligió no certificar los resultados del examen por la disparidad estadística basada en la raza". El juez además argumentó que New Haven rechazó los resultados sólo porque los candidatos con mayor puntaje eran blancos.

En los documentos involucrados en el juicio, la ciudad de New Haven aseguró que la determinación se adoptó para evitar demandas de grupos minoritarios.

En este sentido, el juez Kennedy dijo en su opinión que "el miedo a una demanda no podía justificar que la ciudad se apoye en la raza en detrimento de los individuos que pasaron sus exámenes y calificaron para los ascensos".

La determinación de Kennedy fue apoyada por los jueces conservadores John Roberts, Antonin Scalia, Clarence Thomas y Samuel Alito, mientras la opinión disidente fue presentada por la juez Ruth Ginsburg, quien dijo en su declaración que "los bomberos caucásicos que sacaron buenas calificaciones en el examen tienen la simpatía de la corte".

No obstante, señaló que "no poseen el derecho al ascenso. Tampoco otras personas han recibido ascensos antes que ellos". Ginsburg dijo que la pretensión de la Corte Suprema, en su fallo de mayoría, que asegura que los resultados se rechazaron sólo sobre la base de que los candidatos con mayores puntajes fueron blancos, "ignora evidencia substancial de múltiples defectos en los exámenes que usó New Haven".

La opinión de Ginsburg fue respaldada por los jueces John Stevens, Stephen Breyer y David Souter.

Además de la esencia polémica del caso, esta demanda tomó más importancia que nunca debido a la nominación a la Corte Suprema de la juez Sonia Sotomayor, ya que éste es el primer caso en que un candidato a la corte —que está preparándose para sus audiencias—, ve revertida una de las decisiones tomadas en el ejercicio de su cargo en un tribunal de menor rango.

Varios senadores republicanos destacaron la importancia del fallo de la Corte Suprema y las enormes implicaciones que tiene a la hora de analizar la confirmación de la juez hispana.

"Sotomayor no sólo aplicó mal la ley, sino que la manera superficial en que ella y su panel desecharon los alegatos de trato injusto por parte de los bomberos, es particularmente compleja", dijo Mitch McConnell, líder de la minoría en el Senado.

"Esto resalta mi preocupación respecto a que ella puede haber permitido que su agenda política o personal nuble su juicio y afecte sus resoluciones", indicó.

Por otra parte, los senadores demócratas salieron en defensa de Sotomayor. El presidente del Comité Judicial del Senado, Patrick Leahy, dijo que sería errado usar el veredicto para criticar a la juez hispana, que "era parte del panel del Segundo Circuito que escuchó el caso, pero que no escribió la opinión unánime".

"El proceso de toma de decisiones y la capacidad de deliberación de la juez Sotomayor se mantienen como ejemplo de su sensatez y sentido de respeto a los principios de derecho", dijo por su parte el senador Robert Menéndez.

A su vez, organizaciones como el Fondo Mexicano Americano para la Defensa Legal y de la Educación (MALDEF, por sus siglas en inglés), enfatizaron que el veredicto del máximo tribunal no es una crítica al razonamiento del Segundo Circuito, sino el reconocimiento de la falta de precedentes legales en esta área.

Por otra parte, varios analistas enfatizaron el hecho de que la Corte Suprema falló estando consciente del delicado contexto en que se entregaba la sentencia, en medio del proceso de confirmación de la juez Sotomayor, y esa fue la razón por la cuál no se ahondó mayormente en la sentencia tomada por la Corte de Apelaciones.

"Me gustaría ver en qué parte de la decisión se indica que los nueve jueces se pronuncian directamente negando su apoyo a la resolución tomada por la corte del Segundo Circuito", dijo Kevin Russell, abogado del bufete Howe and Russell, en respuesta a algunos comentarios de legisladores republicanos.

De hecho, en el texto formal entregado por la Corte Suprema, lo que priman son comentarios en torno a la decisión adoptada por la Corte de Distrito de Connecticut —que luego fue confirmada por la Corte de Apelaciones del Segundo Circuito— y se centra en el razonamiento que usó este tribunal para llegar a la sentencia.

10

◆━━━━◆━━━━◆

¿QUÉ SIGNIFICA EL FALLO DE LA CORTE SUPREMA?

MÁS ALLÁ DE LA TRASCENDENCIA legal que tiene el fallo de la Corte Suprema de Estados Unidos, hay algunas consecuencias a nivel personal. "Tal vez el aspecto más interesante planteado por la decisión", señaló la revista *Time,* "es lo que puede significar con relación a la influencia de Sotomayor en la corte" a la que se sumó en octubre de 2009[1].

Al menos hasta donde hemos podido indagar, ningún nominado a la Corte Suprema recibió previamente, por parte de sus potenciales colegas, una reprimenda similar antes de ocupar un asiento en el tribunal. Según abogados que trabajan en la Corte Suprema, señaló *Time,* la opinión de la juez Sotomayor en el caso *Ricci* ofrece "una mirada anticipada acerca de las futuras relaciones de Sotomayor con jueces conservadores, y podría fijar el tono en las interacciones con sus... colegas". Si bien el debut de Sonia Sotomayor ante la corte no ha sido el más auspicioso, hay posibilidad de que en el futuro las cosas cambien. *Time* mencionó el caso *Virginia vs. Black,* en el cual "el usualmente tranquilo juez Clarence Thomas condenó de manera apasionada la quema de cruces", lo cual ayudó a descubrir una nueva área que no estaba protegida por la Constitución*. Y también la juez Ruth Bader Ginsburg, la única mujer en la Corte Suprema hasta la llegada de Sotomayor, tuvo fuerte influencia en el fallo donde se indicó que el *strip search* (registrar al desnudo) de una menor de trece años violaba los derechos de la Cuarta Enmienda contra el registro excesivo. "En ocasiones, una persona representa más de un voto en la corte", dijo a la revista Akhil Amar, profesor de la Facultad de Derecho de la Universidad de Yale. Amar sugirió que la voz de Sotomayor "podría hacerse oír en temas de discriminación".

Inclusive la anulación por parte de la Corte Suprema del dictamen del tribunal de apelaciones integrado por Sotomayor tuvo distintos matices. En una opinión compartida por los jueces Thomas y Scalia, el juez Alito criticó al Segundo Circuito, señalando que los reclamos de Ricci y otros bomberos nunca habían sido analizados de manera exhaustiva por los tribunales menores y que, por lo tanto, esas cortes les negaron un "cumplimiento imparcial de la ley".

Y aunque el juez Kennedy coincidió con la mayoría, "asumió un tono más suave", dijo *Time*, "evitando una crítica directa de Sotomayor y de sus colegas". Según indicó Tom Goldstein, codirector de prácticas de la Corte Suprema en la firma Akin Gump, Kennedy intentó "minimizar la forma en que el caso se concentraba" en Sotomayor. Y a esa tesitura se unió el presidente de la Corte Suprema John Roberts, quien,

---

* Clarence Thomas señaló que la quema de cruces en sí misma debe ser una excepción a la Primera Enmienda que protege la libertad de expresión. Thomas dijo que "del mismo modo en que nadie puede quemar la vivienda de otra persona para formular una declaración política y luego intentar protegerse en la Primera Enmienda, aquellos que odian no pueden aterrorizar e intimidar para divulgar sus puntos de vista".

según Goldstein, "tiene un interés real en despolitizar la corte". Es probable que la relación de Sotomayor con Kennedy sea muy importante, pues ese juez controla el llamado *swing vote* o voto decisivo en la Corte Suprema. Kennedy ha votado generalmente con el bloque conservador de la Corte Suprema, pero en ocasiones ha dado su respaldo a los liberales. Ex empleados de la corte han dicho a *Time* que Kennedy está abierto a las influencias de personas con las que interactúa. "A él le gustan las historias personales y es influido por ellas", dijo uno de esos ex empleados. "Y también lo influyen sus relaciones con otras personas". Pero ¿logrará Sotomayor influenciar a Kennedy? Goldstein se mostró escéptico en materia de asuntos de discriminación, pues Kennedy nunca se ha puesto en contra del gobierno en ninguno de esos casos. Además, también Clarence Thomas es miembro de una minoría. Y al unir su voto al de Thomas, Kennedy puede protegerse de aquellos que lo acusan de estar en contra de la acción afirmativa, dijo un ex empleado del juez.

De todas formas, las relaciones entre jueces de la Corte Suprema se desarrollan a lo largo de los años. Por ejemplo, David Souter, el juez que Sotomayor reemplaza, quien a pesar de sus antecedentes conservadores ha votado en muchas ocasiones con el sector más liberal de la corte, tenía una relación de larga data con Kennedy. Y *Time* sugiere que la partida de Souter y la llegada de Sotomayor podrían "representar una pérdida neta de influencia liberal, en lugar de una ganancia".

Sonia Sotomayor con su madre, Celina,
y su padre, Juan.

La joven Sotomayor con su hermana
Miriam y sus primos

Sotomayor con un bebé.

Un retrato de Sotomayor cuando tenía seis o siete años.

Sotomayor en su toga y birrete para su graduación del octavo grado.

Sotomayor durante su tiempo en la Universidad de Princeton. Empezó en 1972 con una beca completa y ganó el Premio Pyne, el honor más prestigioso de Princeton.

La foto de Sotomayor en el anuario de Princeton de 1976. Se graduó *summa cum laude* y Phi Beta Kappa. Ella escribió:

"'No soy un campeón de causas perdidas, sino de causas aún por ganar'. —Norman Thomas

Mi experiencia en Princeton la forman las personas que he conocido. A ellos, por sus lecciones de vida, estaré eternamente en deuda y agradecida. A ellos y a esa persona extra especial en mi vida. Gracias —por todo lo que soy y lo que no soy. La suma total de mi vida aquí se ha formado de pequeñas partes de todos ustedes".

Sotomayor visita a los estudiantes en su alma máter, Cardinal Spellman High School, una escuela católica en El Bronx.

El senador Daniel Moynihan de Nueva York con Sotomayor en 1992. El Senador nominó a Sotomayor para ser juez federal cuando ella tenía treinta y ocho años. Fue la primera juez federal latina en el estado de Nueva York.
(Foto cortesía de *El Diario La Prensa*).

Sotomayor con sus sobrinos Conner y
Corey Sotomayor en Yankee Stadium

Sotomayor con su sobrina
Kylie Sotomayor en el estado
de Nueva York.

Sotomayor con su ahijado
Thomas "Tommy" Butler en
la ceremonia de apertura de
la Tribunal de Apelaciones
en 1998.

Sotomayor con
su madre,
Celina Báez.
(Foto cortesía de
El Diario La Prensa).

Sotomayor recibe una
licenciatura honoraria
de la Universidad
Northeastern en 2007.
(Foto cortesía de
El Diario La Prensa).

Sotomayor asiste a un almuerzo en su honor dado por *El Diario La Prensa*. Ganó el premio anual para mujeres destacadas en 2009.
(Foto cortesía de *El Diario La Prensa*)

Sotomayor con el senador Charles Schumer y la representante Nydia Velázquez de Nueva York.
(Foto cortesía de *El Diario La Prensa*)

Sotomayor con Rossana Rosado, directora ejecutiva de *El Diario La Prensa*.
(Foto cortesía de *El Diario La Prensa*)

El presidente Barack Obama y el vicepresidente Joe Biden aplauden mientras Sotomayor habla en el Cuarto Este de la Casa Blanca.

Celina Báez llora cuando el presidente Obama anuncia que su hija es la nominada para reemplazar el juez de la Corte Suprema David Souter, 26 de mayo de 2009.

Sotomayor sonríe durante su discurso de aceptación de la nominación.

Sotomayor y el presidente Obama hablan en el Cuarto Verde antes de la recepción en honor de su nominación.

El nuevo retrato oficial de la Corte Suprema con la juez Sotomayor, en septiembre de 2009.

Sotomayor en el traje de Juez de la Corte Suprema.

11

UNA JUEZ EN EL CENTRO DEL ESPECTRO POLÍTICO

"(Sonia Sotomayor) ha estado de acuerdo con sus colegas republicanos en un 95 por ciento de las veces. Ella ha fallado en favor del gobierno en un 83 por ciento de los casos de inmigración. [...] Ella ha fallado en favor del gobierno en un 92 por ciento de los casos criminales. Ella ha negado demandas por cuestiones raciales en un 83 por ciento de los casos, y ha dividido equitativamente (sus fallos) en casos laborales entre empleador y empleado".

—Senador Charles Schumer, demócrata de Nueva York

En el Tribunal de Apelaciones del Segundo Circuito, que trata principalmente con temas financieros y de negocios, las opiniones de Sonia Sotomayor "eran impredecibles, y no estaban claramente ubicadas en un campo favorable o desfavorable al sector empresarial"[1].

—*The New York Times*, 28 de mayo de 2009

BASTA VER LA TRAVESÍA personal y profesional de Sonia Sotomayor para descubrir que las acusaciones formuladas por la derecha republicana no tienen base. Pues la más flamante juez de la Corte Suprema se halla sólidamente ubicada en el *mainstream*, en el centro del espectro político.

Tal como señaló el blog The Washington Independent, un análisis hecho por la oficina del senador demócrata Charles Schumer reveló que Sotomayor no se apartó de la tendencia predominante en casos de inmigración o de asilo, primero como juez de distrito, y luego como juez de un tribunal de apelaciones. Apenas en un 8 por ciento de los casos falló en favor de la solicitud de un inmigrante. Y en los casos de asilo, falló en favor del solicitante en un 17 por ciento de las ocasiones, "que es el promedio de casos de asilo en el Tribunal de Apelaciones del Segundo Circuito". La oficina de Schumer examinó 955 fallos durante los diecisiete años de Sotomayor en la judicatura federal.

Schumer dijo en un comunicado publicado en junio de 2009, tras la divulgación del informe, que "esas conclusiones anulan toda duda sobre la fidelidad de la juez Sotomayor a las reglas de la ley". Inclusive "en casos de inmigración, que ponen. más a prueba el llamado 'factor de empatía', el récord de la juez está bien adentro de la corriente judicial predominante".

Y por cierto, las mayores críticas a la juez Sotomayor en materia de inmigración no provienen de la derecha, sino de la izquierda. En un artículo publicado en la revista *Mother Jones*[2], James Ridgeway dijo que el récord de Sotomayor en temas de inmigración no es algo que pueda alentar a los progresistas. Ridgeway se mostró asombrado de que los demócratas en el Senado, en lugar de concentrarse "en la pasión de Sotomayor por la justicia, en su rectitud moral o en su tan discutida 'empatía' ", hayan optado por "celebrar que Sonia Sotomayor es meticulosamente indistinguible de un juez republicano".

En su "fervor por destacar que es una 'moderada', los simpatizantes liberales de Sotomayor están minimizando sus cualidades más atractivas, mientras alaban sus decisiones más conservadoras", dijo Ridgeway, quien coloca a Sotomayor, en temas de justicia penal, "a la derecha del hombre que reemplazará, David Souter, nominado por el padre de Bush". Según Ridgeway, los liberales se complacen de que la juez Sotomayor "haya rechazado la mayoría de las demandas por discriminación racial" y que "haya enviado a la mayoría de los inmigrantes a hacer sus maletas". Ridgeway ridiculizó a Schumer por alardear que Sotomayor falló contra solicitantes de asilo político el 83 por ciento de las veces.

"En otras palabras", escribió Ridgeway, "ser latina no hace a Sotomayor más compasiva en relación a inmigrantes que enfrentan la tortura y la muerte cuando los deportamos"*.

Inmigración

El récord de la juez Sotomayor en relación a casos de inmigración apenas se ha sido analizado por sus principales simpatizantes. Y eso incluye a organizaciones que expresan su preocupación por las injusticias que se cometen contra los hispanos. Para esos grupos, el simbolismo de su nominación supera con creces la substancia de sus opiniones en la judicatura.

Janet Murguía, presidente y directora general del Consejo Nacional de La Raza, consideró la nominación de Sotomayor "algo excepcionalmente histórico para nuestra comunidad y

---

* Si la derecha republicana temía confirmar a Sotomayor por sus presuntas tendencias izquierdistas, era suficiente con leer las opiniones de la izquierda para desmentir esos prejuicios. El columnista David Rosen destacó en el blog izquierdista *Counterpunch* que el primer día de las audiencias de confirmación "fue dedicado a recontar la historia personal de Sotomayor. Su vida satisface el sueño estadounidense. Ella fue moldeada por la gran lotería social: genes, circunstancias familiares y el azar. Ella es la ganadora del millón de dólares, la excepción que demuestra cuan amañado está realmente el sistema. Como las historias de Barack y Michelle Obama, el genio norteamericano se basa en la capacidad de reabastecer generación tras generación de liderazgo nacional mediante una cuidadosa, selectiva selección de todos los sectores. Para aquellos que no ganan esa lotería social, la vida transcurre en caída libre. Aquellos que triunfan, como Sotomayor y los Obama, se convierten en gerentes del verdadero sistema que en una época cuestionaron, si no desafiaron. Ellos parecen conocer de manera crítica los defectos de la nación. Ellos son el ejemplo de la clase gobernante de Estados Unidos en el siglo XXI, moderados, pragmáticos. Y a medida que van remodelando el sistema capitalista corporativo, son remodelados por él". ("The Sotomayor Hearings and the Culture Wars", *Counterpunch*, 15 de julio de 2009).

nuestro país". Pero, cuando se puso en contacto con ella por The Washington Independent en julio de 2009, la organización dijo que no conocía a fondo el récord de Sotomayor en temas de inmigración.

De manera similar, Henry Solano, presidente interino del Fondo de Defensa Legal Mexicano-Estadounidense, dijo que "la comunidad latina estaba orgullosa y entusiasmada" por la posible confirmación de la juez Sotomayor. Solano elogió "el impecable récord de logros" de la juez, señalando que "posee todas las credenciales y la experiencia requeridas" para servir en la Corte Suprema. Sin embargo, indicó The Washington Independent, la organización, "que se autodenomina 'la principal estructura legal latina sin fines de lucro' de Estados Unidos y 'la firma de abogados de la comunidad latina', tampoco había estudiado ni podía comentar acerca de las opiniones (de Sotomayor) en el tema de la inmigración".

En su mayoría, expertos en inmigración consideraron los fallos de Sotomayor sobre inmigración como "cuidadosos" y "siguiendo la línea central".

Kevin Johnson, profesor de derecho y de estudios chicanos en la Universidad de California, Davis, declaró al blog que Sotomayor "sigue estrechamente los precedentes al cederle al Board of Immigration Appeals (Junta de Apelaciones de Inmigración) el derecho a tomar una decisión".

Un informe de la American Civil Liberties Union (ACLU, por sus siglas en inglés) que aludió a la nominación de Sotomayor, destacó que en casos de inmigración, la juez "ha adoptado un enfoque ecuánime". Y, en cuanto a sus opiniones sobre asilo, dijo la ACLU, "muestran una comprensión profunda y pragmática de los procedimientos a nivel del proceso, reflejando, sin duda, sus años en una corte de distrito". Sin embargo, añadió la ACLU, "como juez del Segundo Circuito, ella se ha alineado generalmente con el gobierno, optando por una amplia lectura de los estatutos penales aun cuando el texto establecido por la ley o la historia legislativa permitían una construcción más restringida".

Casos penales

Y en cuanto al récord de Sotomayor en materia penal, *The Wall Street Journal* analizó sus fallos y les dio su aprobación. En un artículo titulado "Nominee's Criminal Rulings Tilt to the Right of Souter" (los fallos penales de la nominada tienden a la derecha de Souter), el periódico indicó que Souter, nominado por George Bush padre, en ocasiones se unió a los liberales de la Corte Suprema para defender los derechos de los acusados y los condenados. La más reciente de esas ocasiones fue en enero de 2009, cuando Souter cuestionó cateos y decomisos policiales. Pero, en un caso similar presentado ante el Tribunal de Apelaciones en que Sotomayor era juez, el fallo fue en favor de la policía.

De acuerdo a *The Wall Street Journal*, abogados penales de Nueva York dicen que para una juez "respaldada por los demócratas", es "extraordinariamente dura a la hora de examinar delitos", tal vez fruto de su trabajo como fiscal durante varios años. John Siffert, un abogado neoyorquino que dictó clases junto con Sotomayor en la Facultad de Derecho de la Universidad de Nueva York, dijo que la juez suele encontrar escasas bases para anular condenas a criminales. Y en los procesos, señaló Siffert, "ella no era considerada como una juez favorable a la defensa".

Juez de distrito

Como juez de un tribunal de distrito, Sonia Sotomayor adquirió notoriedad a mediados de la década de los noventa, y gracias al béisbol, una de sus pasiones. El 31 de marzo de 1995, y luego de una audiencia de dos horas, puso fin a una huelga de las ligas mayores. Sotomayor reprendió a los propietarios de clubes de béisbol diciendo que no tenían derecho a eliminar de manera unilateral el sistema de agentes libres y de arbitraje en los salarios mientras continuaban las negociaciones. Una vez restablecidas esas provisiones, los jugadores en huelga prometieron volver a los campos deportivos bajo los términos del contrato anterior, mientras ambas partes intentaban forjar un nuevo acuerdo. La juez dijo que la huelga de los peloteros "había sentado en el banquillo el concepto total de las negociaciones colectivas".

Una huelga de los peloteros de las ligas mayores obligó a cancelar los *playoffs* (eliminatoria entre los mejores equipos) y la Serie Mundial en 1994.

Los jugadores presentaron una demanda ante la Junta Directiva de Relaciones Laborales, un organismo federal, acusando a los propietarios de clubes de poner en peligro las contrataciones colectivas al abolir el arbitraje salarial, e imponer sus propios criterios en materia de sueldos. Sotomayor dio una orden judicial por la cual se restablecían los términos de previos acuerdos laborales entre jugadores y dueños de clubes. Aunque la orden por sí sola no puso fin a la huelga, Randy Levine, quien luego se convirtió en presidente de los Yankees de Nueva York, consideró que la juez Sotomayor había adoptado una sabia decisión pues "dio a ambas partes la oportunidad de tomar un descanso y analizar la situación". Como resultado, la orden judicial "condujo a negociaciones de buena fe". Finalmente, se llegó a un acuerdo un año más tarde, en noviembre de 1996. "Y desde entonces no se han presentado otras huelgas" de beisbolistas, dijo *The New York Times*[3].

El éxito de Sotomayor en esa instancia tuvo gran despliegue en los periódicos de Estados Unidos y le dio a la juez relevancia nacional. *The Daily News* dijo que Sonia había sido "coronada como Juez del Béisbol, y conquistado el elogio de los fanáticos a través del país".

Y a raíz de ese fallo, *The New York Times* ofreció una elogiosa reseña de la actuación de la juez, recordando que "Sotomayor ha demostrado su disposición a criticar al gobierno cada vez que considera que las circunstancias lo exigen", además de adoptar "vigorosas posiciones antigubernamentales en varias decisiones, incluidos casos que involucran a la Casa Blanca, el derecho religioso de los prisioneros, e inclusive (el club de motociclistas) Hell's Angels"[4].

Caso Foster

En enero de 1995, y tras una solicitud de *The Wall Street Journal*, la juez Sotomayor ordenó al gobierno de Bill Clinton que divulgara una fotocopia de una nota hallada en el maletín del ex consejero de la Casa Blanca Vincent Foster, quien se había suicidado. "El público tiene un interés substancial en ver esa nota", escribió la juez Sotomayor en su fallo. Y aunque la juez admitió que la difusión de la nota afectaría a la familia Foster, "y yo simpatizo con ella por el dolor que podría causar ese renovado escrutinio... no estoy convencida que ese renovado interés sea tan substancial como para servir de contrapeso al importante beneficio público de examinar la nota"*.

_____

* Pese a esa actitud, que no debió ser muy bien recibida en la Casa Blanca, *The Wall Street Journal* enfiló los cañones hacia Sotomayor en su página editorial, cuando el presidente Clinton la nominó para juez del Segundo Circuito. El periódico conservador criticó dos de los fallos de Sotomayor, uno en el cual ordenó a un distrito comercial del centro de Manhattan pagar el salario mínimo a desamparados, y el otro en el que ordenó a la Asociación de Abogados de Nueva York que aceptara un estudiante de derecho con problemas de lectura que necesitaba ayuda para tomar la revalida del título. Por esos fallos tan sensatos, el periódico acusó a Sotomayor de ser una activista de izquierda. ("The Souter Strategy", *The Wall Street Journal*, 8 de junio de 1998).

En septiembre de 1994, en otro fallo que no debe haber resultado muy popular, Sotomayor permitió al club de motociclistas Hell's Angels conservar en Manhattan un edificio de su propiedad, tras señalar que las evidencias de que había tráfico de drogas en el edificio "eran realmente escasas".

Y al menos en dos instancias, la juez Sotomayor defendió los derechos religiosos de las minorías. En diciembre de 1993 consideró "inconstitucional" una cláusula de la municipalidad de White Plains que prohibía la exhibición de una *menorah* judía (candelabro de nueve ramas) en un parque de la ciudad. Y en mayo de 1994, ordenó a las autoridades penitenciarias del estado de Nueva York que permitieran a los presos lucir abalorios de la Santería bajo sus cinturones.

Juez de circuito

La actuación de Sotomayor como juez del Tribunal de Apelaciones del Segundo Circuito fue resumida en estos términos por *The New York Times:* "A nivel profesional, Sotomayor ha recibido altas calificaciones y el respeto de la mayor parte de sus colegas. Entre los abogados (litigantes), se considera muy bien preparada, franca, inteligente, exigente, y en ocasiones, algo implacable. Ella hace avanzar los casos y sanciona con rapidez a los abogados que no cumplen con los plazos que ella ha establecido".

Y en cuanto a los casos penales, *The Wall Street Journal* reconoció que Sotomayor "ha conquistado una reputación por sus duras sentencias" y que "no es considerada una juez favorable a la defensa".

Aunque Sonia Sotomayor "en muchos temas se ubica en la corriente liberal", indicó el periódico, "su récord sugiere que en material de justicia penal sus fallos se alinean con el sector conservador del máximo tribunal de la nación".

En enero de 2009, los cinco jueces conservadores de la Corte Suprema consideraron aceptable que los fiscales empleasen evidencias confiscadas por policías que, de manera errónea, pensaban que contaban con una orden de allanamiento para arrestar al sospechoso.

El juez David Souter, antecesor de Sotomayor, expresó su discrepancia con la mayoría, al igual que otros liberales en la Corte Suprema. "Pero la juez Sotomayor", dijo un artículo del periódico, "falló en favor de la policía en un caso similar registrado hace diez años. En ese caso, la juez confirmó un arresto y cateo que nunca hubiera ocurrido si la policía y los funcionarios del tribunal hubieran mantenido registros precisos"[5].

Y un estudio de la Universidad de Syracuse determinó que en casos penales, Sotomayor ordenó sentencias más prolongadas que sus colegas, especialmente en casos de crímenes de cuello blanco.

Luego de su confirmación como juez de un tribunal de apelaciones, en octubre de 1998, las tareas de Sonia Sotomayor se intensificaron. En el curso de diez años en el tribunal, debió atender apelaciones en más de 3.000 casos, y escribió unas 380 opiniones como miembro de la mayoría[6].

Los fallos de Sotomayor han hecho que la revista especializada *ABA Journal*, de la Asociación de Abogados de Estados Unidos, la considerara una centrista a nivel político. Y un análisis del Congressional Research Service señaló que los fallos de Sotomayor son difíciles de clasificar a nivel ideológico, aunque muestran una adhesión a los precedentes, énfasis en los hechos del caso, y la renuencia a que el papel del tribunal se exceda en sus funciones.

Entre sus fallos más destacados en su década como juez federal, figuran los siguientes:

—En su decisión respecto a *Center for Reproductive Law and Policy vs. Bush,* en 2002, Sotomayor ratificó la implementación, por parte del gobierno de George W. Bush, de la llamada *Mexico City Policy.* Se trata de una normativa anunciada por el presidente Ronald Reagan durante la Conferencia Internacional sobre Población de las Naciones Unidas, que se realizó en Ciudad de México en 1984. En esa ocasión, Reagan dijo que organizaciones no gubernamentales podían recibir financiamiento federal siempre y cuando aceptaran dejar de realizar abortos o promover activamente el aborto como método de planificación familiar en otros países. Esa normativa continuó durante el gobierno del presidente George H. W. Bush, fue rescindida por el presidente Bill Clinton en 1993, y restablecida por el presidente George W. Bush en 2001.

Sotomayor señaló que la normativa no constituía una violación de la protección igualitaria, "pues el gobierno tiene libertad para preferir la posición antiaborto sobre la posición favorable (al aborto), y puede hacerlo con fondos públicos". Una nueva demostración de que, lejos de ser una activista liberal, la juez prefiere acatar los precedentes establecidos.

—En *Pappas vs. Giuliani* (2002), la juez Sotomayor discrepó con el fallo de sus colegas de que el departamento de policía de Nueva York podía despedir a un empleado administrativo por haber enviado materiales racistas a través del correo. Sotomayor arguyó que la Primera Enmienda de la Constitución protege el derecho a la libre expresión de un empleado "cuando no está en su oficina", inclusive si divulga materiales "insultantes y que predican el odio".

—En 2005, Sotomayor escribió la opinión en *United States vs. Quattrone.* Frank Quattrone había sido llevado a juicio acusado de obstruir investigaciones vinculadas con la tecnología de los IPO (Initial Public Offerings u oferta pública inicial de acciones en bolsa). Algunas organizaciones periodísticas querían publicar los nombres de los miembros del jurado encargados de decidir en el caso *Quattrone,* y un tribunal de distrito dio a conocer una orden prohibiendo que se divulgaran esos nombres. La juez Sotomayor, al escribir la opinión del tribunal del Segundo Circuito anulando la orden del tribunal de distrito, señaló que los medios de prensa deben tener libertad para publicar los nombres de los miembros del jurado. El proceso fue declarado nulo porque el jurado no se puso de acuerdo, y el tribunal de distrito insistió en que la prensa no debía publicar los nombres de los miembros del jurado, aun cuando esos nombres habían sido revelados en la corte.

El caso volvió a un tribunal, y la juez Sotomayor dijo, ratificando los derechos de libertad de expresión que protege la Primera Enmienda, que aunque era importante resguardar la imparcialidad en el nuevo proceso, la orden la Corte Distrito violaba el derecho de la prensa "a informar libremente de los eventos que ocurren en una corte abierta".

—En 2004, en el caso *N.G. & S.G. ex rel. S.C. vs. Connecticut,* vinculado con la Cuarta Enmienda, Sotomayor discrepó con la decisión de sus colegas de continuar con una serie de *strip searches* (orden de registro corporal de una persona tras obligarla a desnudarse) para "muchachas con problemas" en centros de detención juvenil. Aunque Sotomayor aceptó que algunos de esos registros corporales podían ser legales, señaló que no debían permitirse en el caso "de adolescentes que nunca habían sido acusadas de un crimen, debido a la naturaleza gravemente indiscreta" de ese tipo de registros.

—Y en el caso *Leventhal vs. Knapekotro,* en 2001, también vinculado con la Cuarta Enmienda que trata de proteger al individuo de los abusos de las autoridades en materia de pesquisas o confiscaciones, la juez Sotomayor rechazó una demanda de un empleado del Departamento de Transportes de Estados Unidos a quien le habían revisado la computadora de su oficina. Sotomayor dijo que aunque el empleado "tenía ciertas expectativas de privacidad con respecto al contenido de su computadora de oficina", las pesquisas del empleador no violaban los derechos de la Cuarta Enmienda, pues "existían bases razonables para creer" que la pesquisa revelaría evidencias "de mala conducta relacionada con el trabajo".

TERCERA PARTE

La nominación:

la "latina sabia" y su controversia

"Todavía estamos esperando la tercera designación de una mujer, tanto ante la Corte Suprema como ante el Tribunal de Apelaciones de Nueva York, y del integrante de una segunda minoría, hombre o mujer, preferiblemente hispano, ante la Corte Suprema".

—Sonia Sotomayor, discurso pronunciado en la Universidad de Berkeley en 2001

"Dos Sonia Sotomayor han surgido a la luz. Una es la exaltada activista latina que se quejó formalmente ante el gobierno federal sobre los presuntos prejuicios étnicos en la universidad (Princeton) y que fue miembro de la junta directiva del Fondo de Educación y Defensa Legal Puertorriqueña cuando acusó a la ciudad de Nueva York de discriminación en las contrataciones de personal y en los derechos al voto. (La otra) es la juez de un tribunal federal de apelaciones que escribe opiniones prudentes, estrictamente razonadas [   ] que en muy raras ocasiones se desvían de la corriente principal. [...] El retrato que emerge es el de una política astuta que desea cambiar el sistema trabajando dentro de él".

—*Newsweek,* 20 de julio de 2009

A la guerra por nominación de juez latina

Antonieta Cádiz

La Opinión, Los Ángeles, 29 de mayo de 2009

WASHINGTON—"Facultad de Derecho de la Universidad de Yale, 11 años de experiencia en la corte de apelaciones. Independiente, ecuánime, preparada: Sonia Sotomayor", asegura el primer comercial lanzado al aire por la Coalición de Valores Constitucionales.

Es uno de los muchos que (aparecerán) en televisión, radio, prensa e Internet, para influenciar de manera positiva o negativa la confirmación de Sotomayor en el Senado...

Los principales gestores de estas campañas son las organizaciones Alianza para la Justicia y Gente por la Vía Americana, del ala más liberal, y Comité para la Justicia y Red de Confirmación Judicial, por el lado conservador. Todos recaudan millones de dólares para influenciar la decisión del Senado y la opinión popular.

Tom Goldstein, fundador de Goldstein and Howe, una firma de abogados que se especializa en litigios en la Corte Suprema (...) dijo que los ataques contra Sotomayor se enfocarán principalmente en cuatro argumentos: no es lo bastante inteligente para ocupar el cargo; es una activista judicial; no considera posiciones con las que no está de acuerdo y es brusca y ruda en su trato en la corte.

Sonia Sotomayor

Editorial de *El Diario La Prensa*, Nueva York,
24 de mayo de 2009

DESDE QUE ASUMIÓ SU CARGO, el presidente Obama ha insistido en repetidas ocasiones en su compromiso respecto a la selección de candidatos calificados y experimentados en sus nombramientos. En la elección de un candidato a la Corte Suprema de Justicia, el presidente ha manifestado también que buscará un candidato que se identifique con las esperanzas y las luchas del pueblo y esté decidido a defender los valores constitucionales.

Todo esto y mucho más lo encuentra él en la juez federal de apelaciones Sonia Sotomayor.

Sotomayor es una jurista brillante que aportaría un caudal de experiencia judicial a la Corte. Como juez de la Corte Suprema, Sotomayor sería una, de apenas tres jueces, que han trabajado como fiscales o asistentes legales del gobierno federal. También sería la única juez de la Corte Suprema con experiencia como juez de primera instancia. De hecho, la última persona nombrada a la Corte Suprema con más experiencia que Sotomayor fue el juez Benjamín Cardozo en 1932.

Dirigentes nacionales de distintos campos políticos reconocen el potencial que tiene Sotomayor para aportar al más alto nivel de nuestro poder judicial. El presidente George H. W. Bush reconoció las credenciales estelares de Sotomayor en ambos, el sector público y el privado, cuando la nombró al Tribunal Federal para el Distrito Sur de Nueva York. El presidente Bill Clinton también vio en ella a una juez completa con un pensamiento jurídico sólido, cuando la nombró al Tribunal de Apelaciones del Segundo Circuito.

Los senadores Charles Schumer y Kirsten Gillibrand, el gobernador David Paterson, y el ex jefe de Sotomayor, el fiscal de Distrito de Manhattan Robert Morgenthau —quien la llamó una "fiscal valiente y eficaz"—, todos, han elogiado sus habilidades, sus calificaciones y su temperamento judicial.

Quienes han tratado directamente con Sotomayor —desde subordinados hasta abogados— la califican de juez dura pero justa. El profesor y experto legal Robin Kar, que fue su secretario, al mencionar el historial de Sotomayor como jurista escribió: "En mi opinión, el nivel de convicción y la integridad de pensamiento que la juez Sotomayor demuestra es absolutamente esencial para que la Corte Suprema de Justicia logre su mejor trabajo, pero escasea, y rara vez lo hemos visto en el poder judicial federal".

Pero más allá de su trayectoria laboral legal están las historias que nos permiten dar una mirada al contenido de la esencia de Sotomayor. Cuando la juez juró ante el Tribunal de Apelaciones, le agradeció a muchos, entre ellos a los empleados federales que limpian los pasillos y las oficinas, al personal de la cafetería y a los funcionarios de seguridad que vigilan las entradas de la corte.

Hija de un operario y de una enfermera que trabajaba seis días a la semana, Sotomayor sabe que para progresar nos apoyamos sobre los hombros de otros y que los honores se hacen posibles gracias a la sosegada labor cotidiana de muchos.

Criada en los barrios marginados de la comunidad del sur de El Bronx, Sotomayor entiende lo que es ver las cosas desde afuera. Su papel como miembro de la junta del Fondo de Educación y Defensa Legal Puertorriqueño y su labor en el grupo de trabajo sobre género, raza y justicia étnica en los tribunales, muestran su dedicación al país, a su sistema jurídico y a su futuro.

Instamos al presidente Obama a que, una vez más, haga historia y seleccione a una candidata latina, no sólo para romper barreras, sino porque en la juez Sonia Sotomayor encuentra a una extraordinaria estadounidense con un inquebrantable compromiso con la integridad de nuestro sistema judicial.

LOS REPUBLICANOS ATACAN LA
NOMINACIÓN DE SOTOMAYOR

"LATINA SABIA". Nunca dos palabras tuvieron tal repercusión en el curso de una nominación judicial como las enunciadas por la juez Sotomayor en el contexto de un prolongado discurso pronunciado en la Facultad de Derecho de la Universidad de California, Berkeley, en 2001[1].

Desde el momento en que el presidente Barack Obama anunció, el 26 de mayo de 2009, que había nominado a Sonia Sotomayor para ocupar un lugar en la Corte Suprema de Estados Unidos, en reemplazo del magistrado David Souter, aquellos opuestos a la nominación se aferraron a la frase "latina sabia" como un perro de presa se aferra al tobillo de un fugitivo*. Y del extenso discurso pronunciado por Sotomayor en

* El presidente Obama ha tratado de mejorar sus relaciones con los hispanos luego de una campaña electoral en que la cuestión de la inmigración fue una de las grandes ausentes. Es interesante recordar que durante su discurso de aceptación de la nominación presidencial, Obama dedicó exactamente treinta palabras al tema de la inmigración. Ya en las postrimerías del discurso, Obama se limitó a decir: "Las pasiones proliferan cuando se habla de inmigración, pero ignoro si alguien se beneficia cuando una madre es separada de su bebé, o cuando un empleador reduce los salarios de los estadounidenses al contratar trabajadores indocumentados". Dedicar exactamente treinta palabras (quince en favor de

Berkeley, se escogió exactamente un párrafo: "Es de esperar que una mujer latina sabia, con sus experiencias enriquecedoras, llegue a mejores conclusiones que un hombre blanco que no ha vivido esa vida". Se ignoró el antes y el después de ese párrafo. De un discurso de 4.000 palabras de extensión, se usaron exactamente treinta y dos palabras. Fueron ignorados párrafos anteriores y posteriores que explicaban en detalle la razón de esa frase. Por ejemplo, Sotomayor aludió luego a la necesidad de que otras voces fueran escuchadas en la Corte Suprema, pues inclusive "hombres sabios como Oliver Wendell Holmes y el juez Cardozo votaron en casos que confirmaron la discriminación tanto de sexo como de raza en nuestra sociedad". O cuando indicó que hasta 1972, "ningún caso presentado ante la Corte Suprema respaldó la demanda de una mujer en un caso de discriminación por género". Al mismo tiempo, Sotomayor no negó que "otras personas con diferentes experiencias o antecedentes" fuesen capaces de entender "los valores y necesidades de personas de un grupo diferente", como lo han hecho en muchas ocasiones y en muchos temas "nueve hombres blancos en la Corte Suprema". Y eso incluía el caso *Brown**, que representó un hito en la lucha por los derechos civiles.

las madres indocumentadas, otras quince denunciando la contratación de inmigrantes ilegales) en un discurso bastante substancioso y denso, muestra con claridad la relativa importancia que asignaba Obama a un problema que preocupa de manera indirecta a los hispanos, la minoría más grande de Estados Unidos, y de manera directa a varios millones de personas (las cifras varían de acuerdo a quienes desean disminuir o magnificar el peligro de los indocumentados, y este cronista duda mucho que el número de doce millones esgrimido por algunos sectores sea cierto, pues no hay censo de inmigrantes ilegales y las estadísticas suelen ser o falsas o irrelevantes).

* En el caso *Brown vs. Board of Education of Topeka*, en 1954, la Corte Suprema declaró que las leyes estatales que establecían escuelas públicas separadas para estudiantes blancos y negros negaban a los estudiantes negros iguales oportunidades en material de educación. El fallo por unanimidad, del 17 de mayo de 1954, señaló que las "instalaciones educacionales separadas son intrínsecamente desiguales", y violaban la Enmienda 14 de la Constitución.

Para la derecha republicana, Sotomayor era una radical. Y ¿cómo permitir que una radical latina con sabiduría, con sus experiencias enriquecedoras, llegue a mejores conclusiones que un hombre blanco que no ha vivido esa vida? Tal vez una golondrina no hace verano. Pero ¿qué ocurrirá si el ejemplo de Sotomayor pica y se extiende? ¿Qué sucederá en Estados Unidos si otras mujeres latinas con sabiduría, con sus experiencias enriquecedoras —tal vez con posturas menos alineadas a la norma común— comienzan a arribar a mejores conclusiones que un hombre blanco que no ha vivido sus vidas? Las palabras de Sonia Sotomayor son un desafío y también un llamado de alerta. Y además, pueden seguir agrietando aquello que hasta ahora era un sólido cielorraso de cristal.

El primer político republicano que puso el grito en el cielo al aludir a la frase de la "latina sabia", fue el ex presidente de la Cámara de Representantes Newt Gingrich. En un comentario que envió a 340.000 de sus seguidores en Twitter, Gingrich dijo que Sotomayor debía retirar su candidatura. "Imaginen a un nominado para la judicatura que dice: 'Mi experiencia como hombre blanco me hace superior a una mujer latina'", señaló Gingrich. "El nuevo racismo", escribió el político republicano, "no es mejor que el racismo antiguo". (Posteriormente, Gingrich pidió disculpas por sus palabras, una elegante manera que tienen los políticos de expresar sus opiniones sin pagar las consecuencias). Y después los sectores más reaccionarios del Partido Republicano lanzaron una andanada de embestidas. No solamente era racista Sotomayor porque sugería que los hombres blancos no siempre eran los mejores jueces, sino que además era antiestadounidense pues pronunciaba su nombre y apellido hispano con acento hispano. También Karl Rove, el hombre que urdió la estrategia del ex presidente George Bush en base a la confrontación y a la división, acusó a Sotomayor de racista. Puesto a la defensiva ante esas críticas,

Robert Gibbs, vocero de la Casa Blanca, dijo que "la elección de las palabras" de la juez durante su celebérrima conferencia de 2001, "había sido pobre". Ya veremos más adelante que lejos de ser "pobre", la selección de las palabras de Sotomayor fue riquísima, cargada de sentido.

En cuanto a Rush Limbaugh, el más conocido de los comentaristas de radio de la derecha airada, dijo que los republicanos debían continuar machacando el tema del "racismo" de Sonia Sotomayor.

Si el Partido Republicano "se deja atrapar por la falsa premisa de que es racista y machista y debe mostrar al mundo que no lo es, entonces, el Partido Republicano está extinto", dijo Limbaugh, quien posa de ideólogo porque sólo abreva en ideas capaces de confirmarlo en sus prejuicios*.

Lou Dobbs, el presentador de CNN que a veces suena como portavoz de esos *Minutemen* que se han autoasignado la tarea de perseguir a los indocumentados en la frontera, también acusó a Sotomayor de ser racista y dijo que su nominación era una manera de "complacer los caprichos de los hispanos".

Tom Tancredo, el ex legislador de Colorado y otro enemigo de los indocumentados, declaró en CNN que los vínculos de Sotomayor con el Consejo Nacional de la Raza, un grupo de defensa de los derechos de los hispanos, eran similares a los de un supremacista blanco con el Ku Klux Klan.

Acaricien un círculo, y terminará siendo vicioso, decía el dramaturgo Eugène Ionesco. La forma de redondear la idea

---

* La política norteamericana no se guía por plataformas o preceptos filosóficos. Y todo aquel que presume de ideólogo es siempre observado con desconfianza. Por eso Limbaugh nunca podrá aspirar a un puesto público, aunque su influencia es superior a la de cincuenta dirigentes políticos republicanos. Curiosamente, el arsenal de términos ideológicos, como "misión", "filosofía", "doctrina", "credo", "ética" o "espiritualidad" ha sido apropiado por los fabricantes de helados Ben & Jerry, y por los apóstoles del capitalismo salvaje.

de que Sotomayor es racista consiste en acusarla de pronunciar su nombre tal como lo pronuncian todos los hispanos: en castellano. Aquellos que no se consideran racistas, como algunos integrantes de la prominente revista ultraderechista *The National Review*, han exigido que Sotomayor anglanice su nombre. El columnista Mark Krikorian, cuyo apellido, como se sabe, es totalmente anglo, dijo que "deberían existir límites" a las exigencias formuladas a angloparlantes para que pronuncien nombres extranjeros. Entre tanto, el gobernador republicano de California se llama Arnold Schwarzenegger, y el nombre del ex asesor nacional de seguridad de Jimmy Carter es Zbigniew Kazimierz Brzezinski. Y no creemos que Krikorian tuviera dificultades para pronunciar el nombre del ex secretario de Justicia Alberto Gonzales. Pero, Schwarzenegger tiene ascendientes austríacos y Brzezinski es de origen polaco, y Gonzales se halla cercano a las ideas de Krikorian. Al parecer, algunos foráneos son más extranjeros que otros, aunque sean ciudadanos estadounidenses de nacimiento, como Sonia Sotomayor. (Jorge Luis Borges decía que cuando criticamos a alguien por sus opiniones, es porque esas opiniones son contrarias a las nuestras).

Esa seguidilla de ataques de los republicanos dejó tan desconcertada a Sotomayor, que pidió disculpas a la senadora demócrata Dianne Feinstein por haber osado mencionar la frase "latina sabia". Feinstein dijo en el programa de la CBS *Face the Nation* que la referencia a que una "latina sabia" podía hacer las cosas "mejor" que un juez blanco sin su experiencia "no es la cosa correcta que decir". Y es que la senadora Feinstein, como la mayoría de los senadores republicanos y demócratas que interrogaron a Sonia Sotomayor, seguramente no leyó el discurso de 2001, del cual se extrajo esa frase que se halla en el centro del debate. Y cuando el presidente Obama intervino para señalar que si le hubieran dado a Sotomayor otra posibilidad, la juez hubiera replanteado ese comentario sobre la latina sabia*, se sumó al coro de quienes nunca cesan de opinar porque afortunadamente, las palabras se las lleva el viento.

Pero Sotomayor es una mujer de fuertes convicciones. Y su comentario en 2001 no fue hecho impulsivamente. Es un comentario que ha dictado sus pasos en el terreno profesional. Es casi un acto de fe.

Una vez el comité judicial del Senado divulgó la lista completa de alocuciones de Sotomayor, se descubrió que había ofrecido varias versiones de ese mismo discurso: por lo menos siete, entre 1994 y 2003. Y en todos ellos sugirió que una juez que era "a wise woman" (una mujer sabia) o "a wise Latina woman" (una latina sabia) podía brindar mejores dictámenes que un juez del sexo masculino.

¿Qué tiene de escandaloso eso? El senador Patrick Leahy, demócrata de Vermont y presidente del comité judicial, recordó lo ocurrido cuando el ex presidente George W. Bush nominó al juez Samuel Alito para la Corte Suprema. Durante las audiencias de confirmación, en 2006, Alito dijo: "Cuando analizo un caso relacionado con la discriminación, pienso en personas de mi propia familia que sufrieron discriminación debido a sus antecedentes étnicos o debido a su religión, o debido a su sexo, y tomo eso en cuenta".

Leahy se preguntó si la experiencia de vida de Sotomayor, latina y mujer, o del juez Alito, de ascendencia italiana, perteneciente a la minoría católica, no habían marcado sus vidas. "Sería ridículo pensar que la experiencia de vida de alguien no afecta sus decisiones", concluyó Leahy.

La experiencia de vida de Alito no molestaba a los republicanos, porque esa experiencia le había dado una perspectiva que coincidía con el sector conservador de ese partido. (Usa-

---

* Al parecer, sólo el senador demócrata de Nueva York Charles Schumer se tomó el trabajo de leer el discurso de Sotomayor. El dijo a la cadena de televisión ABC que la juez podía defender "su discurso completo", y que sólo así podía entenderse su mención a la "latina sabia".

mos el término *conservador* con pinzas. En otros países, los conservadores republicanos figurarían en la ultraderecha). Por lo tanto, cuando Alito analizaba un caso relacionado con la discriminación y pensaba "en personas de mi propia familia que sufrieron de discriminación debido a sus antecedentes étnicos o debido a su religión, o debido a su sexo", y tomaba "todo eso en cuenta", eso le parecía magnífico a los republicanos*. En cambio, la experiencia de vida de Sotomayor les molestaba a los republicanos más conservadores. ¿Cómo es que una mujer latina con sabiduría, con sus experiencias enriquecedoras, podía llegar a mejores conclusiones que un hombre blanco que no había vivido esa vida?

Y hay otro factor que debe tomarse también en cuenta: los republicanos que intentaron descarrilar la nominación de Sotomayor, los demócratas que intentaron cortarle las alas con tibias defensas, o con excusas insostenibles, estaban nerviosos no por las opiniones de Sotomayor, sino por las repercusiones que podría tener la presencia de una latina sabia en la Corte Suprema.

"Cada día en la judicatura, aprendo algo nuevo acerca del proceso judicial y acerca de ser una profesional latina en un mundo que a veces me observa con sospecha", señaló Sotomayor en 2001. "Cada día debo recordar que mis decisiones afectan a las personas de manera concreta". Sonia Sotomayor sabe que es un ser humano de carne y hueso que debe decidir el destino de otros seres de carne y hueso.

El ser humano está siempre en el medio de las cosas, privilegiando algunos recuerdos, soslayando otros. Algunos episo-

---

* Del mismo modo en que aceptan afroamericanos tales como los ex secretarios de Estado Colin Powell y Condoleezza Rice. En su famosa conferencia de 2001, Sonia Sotomayor puso el dedo en la llaga al indicar que el juez de la Corte Suprema Clarence Thomas "representa una parte pero no el pensamiento total afroamericano en muchos temas".

dios nos marcan, otros, no dejan huella alguna en nuestras mentes.

Vamos a elegir, por lo tanto, un momento en el que Sotomayor pudo revisar su vida anterior y sus anhelos futuros, tanto los logros alcanzados, como los objetivos que se proponía conseguir.

Sotomayor nunca habló tan claro como en ese momento de 2001 en la Universidad de California, Berkeley, cuando pronunció un discurso en la conferencia anual en homenaje al juez Mario G. Olmos. Sí, fue precisamente en esa ocasión cuando pronunció su memorable frase: "Es de esperar que una mujer latina sabia, con sus experiencias enriquecedoras, llegue a mejores conclusiones que un hombre blanco que no ha vivido esa vida". Pero la frase fue enunciada en medio de un contexto más amplio, demostrando que no había sido elegida al azar. Sí, porque esa frase, que para el presidente Obama era, en cierta manera, desafortunada, y que, con más tiempo, hubiera podido ser reformulada, o que para el vocero de la Casa Blanca Robert Gibbs había sido una "pobre" elección de palabras, o que para la senadora Feinstein hubiera sido "absolutamente aceptable" quitándole el adjetivo "mejores" —y con ello todo el sentido— era en realidad una síntesis de aquello que Sonia Sotomayor pensaba de su tarea como juez. Ubicada en el atalaya de sus cuarenta y siete años, Sotomayor revisó en 2001 el pasado, con nostalgia y con alegría, analizó el presente de manera crítica y esbozó su propio futuro con seguridad, insistiendo en la necesidad, en el derecho, de que un hispano pudiera tener su sitio en la Corte Suprema de Estados Unidos.

Esa Sonia Sotomayor habló con creces de su "identidad latina", de donde provenía, "y de la influencia que percibo tiene mi presencia en la judicatura".

Esa nación llamada Estados Unidos, dijo Sonia Sotomayor, "tiene una imagen de sí misma que se halla en perpetua tensión. Somos una nación que se enorgullece de su diversidad étnica y reconoce su importancia en modelar nuestra sociedad y en añadir riqueza a su existencia. Pese a ello, insistimos, de manera simultánea, en que podemos y debemos funcionar y vivir ciegos ante la raza y el color, de una manera que ignora esas mismas diferencias que elogiamos en otro contexto. […] Muchos de nosotros luchamos con esa tensión e intentamos mantener y promover nuestra identidad cultural y étnica en una sociedad que es con frecuencia ambivalente acerca de cómo lidiar con esas diferencias".

Sobre Sonia Sotomayor: palabras de "latinas sabias"

Los Angeles Times, 17 de julio de 2009

La periodista del diario Los Angeles Times *Marjorie Miller preguntó a varias latinas exitosas qué significaba para ellas el término "latina sabia" empleado por la juez Sonia Sotomayor en varios discursos que pronunció en conferencias, y que volvió a aflorar en las audiencias de confirmación para un cargo en la Corte Suprema de Justicia de Estados Unidos. He aquí algunas de las respuestas:*

Rossana Rosado, directora ejecutiva de *El Diario La Prensa* de Nueva York

Cuando oigo la frase "latina sabia", pienso en mi madre, y pienso en mujeres como la mamá de Sonia, cuya historia de triunfo es asombrosa. Es una historia que resulta común para aquellas de nosotras que provenimos de familias de inmigrantes. Mis padres, como los de Sonia Sotomayor, son de Puerto Rico. Por lo tanto, desde el punto de vista técnico no son inmigrantes, pero tienen la experiencia de mudarse a una nueva tierra y de luchar contra las dificultades, para que los niños de la siguiente generación puedan convertirse en directores de periódicos o en jueces.

He pensado mucho en por qué el discurso sobre la

"latina sabia" causó tal alboroto y cómo fue interpretado por diferentes audiencias. Mujeres en mi círculo personal y profesional están muy ocupadas encargando camisetas y botones con la frase. Queremos ser latinas sabias.

Los senadores parecieron reaccionar a la segunda parte de la declaración, la parte donde ella dice que una latina sabia posiblemente "llegue a mejores conclusiones que un hombre blanco que no ha vivido esa vida".

Debo haber tenido 8 o 10 años cuando Billie Jean King derrotó al tenista Bobby Riggs. Yo crecí en esa época de "las mujeres pueden hacerlo mejor" y "has recorrido un largo camino, muchacha". La gente decía que Ginger Rogers hacía las mismas cosas que Fred Astaire, sólo que en retroceso y con tacones altos —y eso no significa denigrar a Fred Astaire. Para todas nosotras, eso significaba que podíamos aspirar a lo máximo. Era una época cuando todo el tema de los derechos femeninos consistía en combatir las percepciones.

Creo que la mayoría de las mujeres en este país se muestran de acuerdo con el concepto de que alguien aporta algo como mujer que no aporta como hombre. "Mejor" en el contexto de ese discurso está bien. Creo que seguramente, si alguien supiera que algo que dijo hoy figuraría luego en los registros a raíz de algo muy importante que concretará años más tarde, sin duda lo diría de manera diferente. Pero, mientras observábamos a un panel de hombres en que predominaban los blancos cuestionando (a Sotomayor), no resulta sorprendente que hayan quedado desconcertados por esa descripción.

Tal vez, en muchas partes de este país, las palabras "sabia" y "latina" parezcan inadecuadas. Pero en Sonia, no sólo tenemos una latina sabia, sino que ella se apoya en los hombros de muchas latinas sabias, personas como su madre y mi madre, que no eran sabias de la clara forma intelectual en la cual Sonia es, pero que siempre han servido de guías, han liderado familias, han sido las matriarcas.

En nuestra cultura, no hay duda alguna que la madre, la abuela, la matriarca, son una fuente muy importante de sabiduría. Es la capacidad de lidiar con las situaciones más adversas y mantener no sólo una vigorosa fe, sino optimismo.

Por lo tanto, ¿qué es la sabiduría latina? Es la fortaleza de espíritu y la potestad total de la familia. Nuestros ejemplos han sido mujeres. Existen madres como Celina Sotomayor, que crió un médico y una juez mientras ella estudiaba para convertirse en una enfermera.

María Elena Durazo,
tesorera de la asociación gremial
County Federation of Labor de Los Ángeles

Me entusiasmó mucho la nominación de la juez Sotomayor, y me entusiasmó descubrir que ella no es simplemente una (latina simbólica). Ella tiene mucha experiencia detrás y tanto la educación formal en una universidad prestigiosa así como experiencias de la vida real para superar obstáculos en el seno de una familia pobre, trabajadora.

No me hubiera sentido entusiasmada si se hubiera tratado de alguien adinerado. El costado de la educación formal es realmente importante para avanzar en nuestras comunidades inmigrantes y latinas. En Los Ángeles, un 50 por ciento de los niños están abandonando la escuela, y la mayoría de ellos son latinos. Por lo tanto, es realmente necesario demostrar a dónde puede conducir una educación formal.

Para mí, una latina sabia significa diversidad. Creo que ella trae la experiencia de grupos minoritarios, la experiencia de las familias provenientes de estratos socioeconómicos más bajos. Ella trae la experiencia de superar obstáculos enormes para estudiar en una universidad prestigiosa y graduarse *summa cum laude.* La experiencia que trae a la judicatura es muy buena pues sus antecedentes representan a una población más grande de este país con respecto a los antecedentes de miembros de la corte que provienen de familias acaudaladas.

Ella creció en una comunidad donde se hablaba el español, y gran cantidad de personas enfrentaban discriminación si no conocían bien el inglés o si hablaban con acento. Esas son verdaderamente experiencias de la vida real. Y si a eso se une su educación formal y su experiencia en materia judicial, es fácil advertir cómo es que se convirtió en una latina sabia.

Antonia Hernández,
presidente y directora general de
California Community Foundation

Todas nosotras acarreamos experiencias de vida a nuestras tareas —nuestros lentes de aumento. Aquello que trae Sonia Sotomayor son los lentes de una mujer, de una latina, de una mujer pobre que luchó para obtener una educación universitaria. No es diferente a los jueces (Samuel) Alito o (John) Roberts, que también traen las perspectivas de su educación. O a la juez (Ruth Bader) Ginsburg.

Hace muchos años, en una de las primeras ocasiones en que concurrí a un tribunal, el funcionario encargado de custodiar al acusado en el juzgado me paró y me dijo: "Discúlpeme, pero usted debe ir al otro lado, junto con los intérpretes". Al menos no pensó que era la acusada. Una persona aprende destrezas de sobrevivencia a este tipo de experiencia. Se aprende cómo salvar diferencias. Se aprende a ser emprendedora. Tal vez es un cliché, pero estamos enmarcados por nuestras experiencias.

Desde una perspectiva estrictamente legal, Sotomayor tiene más experiencia y calificaciones que cualquiera de aquellos que en la actualidad son jueces en la Corte Suprema. Ella ha sido fiscal, ha trabajado en una firma de abogados, ha sido juez de distrito y juez de apelaciones. Ella ha tenido la mejor educación desde una calificada perspectiva legal. Como latina, realmente me siento ofendida al ver que una persona trabaja con ahínco, hace todo lo que le pidan que haga, y luego intentan lapidarla por un discurso que pronunció años atrás.

Hay que entender el contexto en el cual (Sonia Sotomayor) formuló el comentario sobre la "latina sabia". Para su generación, que es la mía, no había ejemplos a seguir. Nosotras intentamos ser ejemplos para la generación más joven. Y ese discurso fue formulado en ese contexto. Era un discurso inspirador... para inspirar a otros.

Pienso que su conducta y su comportamiento en esas audiencias han sido realmente positivos para todas las mujeres jóvenes. Pienso que ella se está ubicando en un lugar para que las niñas puedan ver que sí, inclusive bajo las circunstancias más desagradables, es posible emprender el camino más elevado. Eso es lo positivo.

Pero lo negativo es la manera en que han criticado su participación en el Puerto Rican Legal Defense Fund. No conozco miembros de muchas minorías en mi generación —ya se trate de negros, mulatos o asiáticos— que no hayan estado involucrados en movimientos sociales como voluntarios. Tocqueville dijo que algo único de los estadounidenses era la forma en que se ofrecían como voluntarios y participaban en la vida cívica. Pero el mensaje que se trata de difundir aquí es que si alguien desea ser designado en cualquier posición como abogado, y especialmente en la judicatura, es mejor que no se ofrezca como voluntario. ¿Qué clase de mensaje se está enviando? (El senador Jeff) Sessions, que asumió el liderazgo en (las audiencias de confirmación) no viene con las manos limpias. En una ocasión calificó a la NAACP de "anti norteamericana". El está mostrando sus nociones preconcebidas sobre raza y etnicidad en aquello que hace en la actualidad. Está atacando a alguien por su identidad racial; está atacando a alguien por integrar la junta directiva de una organización sin fines de lucro que intenta cambiar el sistema dentro del sistema.

Josefina López,
autora de la obra de teatro y
el filme *Real Women Have Curves*,
y de la novela *Hungry Woman in Paris*

Para ser tan extraordinaria como la juez Sotomayor, una mujer tiene que conocerse realmente a sí misma.

Muchas personas suponen que debido a la etnicidad de Sonia Sotomayor, o debido a su comentario sobre la latina sabia, ella será prejuiciosa. Eso es racista. Esas personas creen que no son prejuiciosas debido a su etnia. Todos esos hombres blancos que estuvieron en la Corte Suprema durante los 200 primeros años, supuestamente eran imparciales y no tenían prejuicios, pero durante 200 años mantuvieron leyes que respaldaron la segregación y la discriminación. Es como para reírse.

El trabajo en Hollywood me agota, pero ver a Sonia Sotomayor en la Corte Suprema me hace pensar que todo es posible. Creo que también mujeres jóvenes, jóvenes latinas, se tomarán a sí mismas en serio.

En un estudio se indicó que adolescentes latinas tienen la tasa más alta de suicidios. Gran cantidad de ellas sufren de depresión, que es una respuesta normal cuando se cree que no hay opciones. Ver a esa mujer, que se ha comportado bella y poderosamente y se ha ganado el derecho a estar allí, hace que otras mujeres como yo piensen, "Sí, es nuestro turno, no tendremos que esperar más, no estamos aquí para ser la muchacha de la limpieza. ¡Hemos sido colocadas en la tierra para contribuir también a nivel intelectual y creativo!". Me siento muy orgullosa de ella. Debemos sentirnos orgullosas como estadounidenses por este momento de la historia.

13

LAS NOMINACIONES MÁS CONTROVERSIALES DEL PASADO

LA AUDIENCIA DE NOMINACIÓN de Sonia Sotomayor en el Senado de Estados Unidos siguió líneas parecidas a otras nominaciones del pasado reciente. Las unicas audiencias que se apartaron de la norma fueron las de Robert Bork, en 1987, y las de Clarence Thomas, en 1991, las cuales exploraremos en más detalle en este capítulo. Robert Bork no fue confirmado finalmente, pero Clarence Thomas sí fue confirmado como juez de la Corte Suprema.

Robert Bork

Más allá de las prolongadas deliberaciones que concluyeron con el rechazo a la nominación de Bork, lo más notable de esas audiencias ocurrió mucho antes. No habían pasado 45 minutos de la nominación del juez a la Corte Suprema por parte del presidente Ronald Reagan, cuando el senador demócrata Edward Kennedy dijo lo siguiente en un discurso en el recinto de la Cámara Alta:

"Los Estados Unidos de Robert Bork es un país en el cual las mujeres se verán obligadas a practicar abortos clandestinos, los negros tendrán que sentarse en mostradores segregados, policías deshonestos podrán ingresar en hogares de ciudadanos durante allanamientos nocturnos, los niños no podrán recibir enseñanzas sobre la evolución humana, los escritores y artistas serán censurados por el capricho del gobierno y las puertas de los tribunales federales serán cerradas en los dedos de millones de ciudadanos".

Durante las audiencias de confirmación, Bork cometió un error que no repitieron nominados posteriores: trató de explicar de manera detallada su filosofía judicial*.

Bork es uno de los teóricos del "originalismo", una doctrina que también comparten en la actualidad los jueces de la Corte Suprema Antonin Scalia y Clarence Thomas. Y cada vez que un político conservador desea descarrilar la nominación de un juez considerado liberal, acude al arsenal ideológico del originalismo. El propio Jeff Sessions, líder de los ataques contra Sonia Sotomayor en las audiencias de confirmación, ya en una ocasión utilizó los argumentos del originalismo en el intento de torpedear una previa nominación de Sotomayor. Como señalamos más adelante, Sotomayor logró eludir la arremetida de Sessions.

De acuerdo a la teoría del originalismo, la Constitución de

---

* Las audiencias de confirmación de Bork tuvieron también su cuota de detalles desagradables. Durante el debate por su nominación, "alguien" filtró a la prensa inclusive los títulos de las películas que había alquilado Bork. Eso condujo a la promulgación de la Ley de Protección de la Intimidad en los Videos. De todas maneras, las películas que solía ver Bork en la intimidad de su hogar mostraban su predilección por las comedias y por los "thrillers". Entre ellas figuraron *A Day at the Races*, *Ruthless People* y *The Man Who Knew Too Much*. La lista de los filmes que alquiló Bork fue divulgada por *City Paper*, un periódico de Washington, D.C.

Estados Unidos tiene un significado conocido e inmutable, establecido en el momento de su redacción. Por lo tanto, la interpretación del texto debe ser coherente con el significado que le dieron aquellos que la redactaron y ratificaron.

En 1987, Thurgood Marshall, primer juez afroamericano de la Corte Suprema, y uno de los más lúcidos defensores de los derechos civiles en Estados Unidos, demolió la teoría del originalismo en un discurso pronunciado al margen de las celebraciones del bicentenario de la Constitución.

Mientras políticos y jueces de todo el país exaltaban a los "padres fundadores" por su "genio" al escribir la carta magna, Marshall arruinó la retórica patriótica y el entusiasmo de quienes hacían flamear la bandera al rechazar la invitación a participar en los actos de celebración.

"No puedo aceptar la invitación", señaló, "pues no creo que el significado de la Constitución fue 'establecido' para siempre en la Convención de Filadelfia (en 1787). Tampoco encuentro especialmente profunda la sabiduría, la previsión o el sentido de justicia exhibido por sus redactores. Por el contrario, el gobierno que concibieron fue defectuoso desde el comienzo, y requirió varias enmiendas, una guerra civil y trascendentales transformaciones sociales para alcanzar el sistema de gobierno constitucional, y el respeto por las libertades individuales y los derechos humanos, que hoy consideramos fundamentales. Cuando los estadounidenses contemporáneos citan 'La Constitución'", dijo Marshall, "invocan un concepto que es vastamente diferente de aquello que los redactores apenas si comenzaron a construir hace dos siglos".

Clarence Thomas

En cuanto a Clarence Thomas, fue el encargado de reemplazar al juez Marshall. El presidente republicano George

H. W. Bush pensó que debía reemplazar a un afroamericano con otro afroamericano, pero en este caso, no un liberal, sino un conservador discípulo de Bork. La nominación de Thomas fue repudiada por muchas organizaciones afroamericanas y de defensa de los derechos civiles, que temían que el juez se dedicara a boicotear las victorias obtenidas durante la época de Marshall, algo que ciertamente ocurrió. John Vanzo dice en *The Georgia Encyclopedia* que Thomas se unió al ala más conservadora de la Corte Suprema alineándose con William Rehnquist y a Antonin Scalia. De todas maneras, toda discusión filosófica durante la nominación de Thomas fue eclipsada por un episodio bochornoso: las denuncias de Anita Hill, profesora de derecho de la Universidad de Oklahoma, quien acusó a Thomas de acoso sexual.

Más allá de la veracidad o la falsedad de las acusaciones —Thomas las negó, y acusó a sus detractores de estructurar "un linchamiento de alta tecnología en contra de negros que parecen darse aires de superioridad"—, esa mezcla de telenovela y de circo de tres pistas que fueron las audiencias de confirmación de Thomas abrió un nuevo escenario para los medios de comunicación. Otros ejemplos son el juicio por asesinato contra O.J. Simpson y el escándalo por las relaciones íntimas entre dos adultos, el ex presidente Bill Clinton y Monica Lewinsky.

"Los puertorriqueños son ciudadanos estadounidenses de nacimiento, ya sea que hayan nacido en Nueva York (como la juez Sotomayor) o en el Estado Libre Asociado de Puerto Rico (como sus padres). De acuerdo al censo, un 97 por ciento de las personas nacidas en Puerto Rico y que viven en el territorio continental de Estados Unidos se consideran hispanos. En conjunto, los puertorriqueños constituyen el segundo grupo más importante de hispanos en cincuenta estados y en el distrito de Columbia. Constituyen un 9 por ciento de la población hispana en Estados Unidos, muy por detrás de aquellos de origen mexicano que representan un 64 por ciento de la población, pero bastante a la delantera de los cubanos, que constituyen un 3,5 por ciento de la población. En 2007, las 4,1 millones de personas de origen puertorriqueño que vivían en el territorio continental de Estados Unidos excedían la población de Puerto Rico, que consta de 3,9 millones".

—*¿Who's Hispanic?,* Pew Hispanic Center,
28 de mayo de 2009

Latinos, hispanos ¿o qué?

Dolores Prida,
dramaturga neoyorquina,
El Diario La Prensa, Nueva York,
6 de junio de 2009

DURANTE MÁS DE CUATRO DÉCADAS ciudadanos y residentes de descendencia latinoamericana en Estados Unidos hemos perdido gran cantidad de tiempo discutiendo si debemos llamarnos "latinos" o "hispanos" o ninguno de los dos. Últimamente, esta discusión absurda había casi desaparecido de los medios de comunicación y el término "latino" había tomado fuerza y popularidad.

Ahora, a raíz de la nominación de la juez Sonia Sotomayor a la Corte Suprema, el periodista mexicoamericano Gregory Rodríguez trae de nuevo a colación esta disyuntiva en una columna que se publicó en el diario *Los Angeles Times* la semana pasada y está circulando por el Internet. "Es hora de abandonar esa categoría genérica", dice, añadiendo que duda de que exista tal cosa y cuestionando si la nominación de Sotomayor es en realidad un triunfo para todos los latinos ya que el 65 por ciento de los latinos son en realidad mexicano-estadounidenses.

A través de los años, encuestas públicas revelan que los latinos/hispanos en Estados Unidos prefieren identificarse primero con su país de origen. Y eso es natural. Un peruano siempre será peruano y un domini-

cano, dominicano. Pero como en la unidad —y en los
números— es que está la fuerza, es importante tener
una denominación común que nos identifique como
grupo para poder librar batallas que nunca se ganarían
por separado.

Esa es la razón por la cual los términos "latino" e
"hispano" comenzaron a usarse en la década de los setenta para desarrollar una agenda latina nacional y así
lograr acceso a fondos federales que beneficiaran a las
comunidades de todo el país.

Además, no debemos olvidar que gran parte de la
población de este país sufre de un alto índice de igno-
rancia geográfica. Un bochornoso número de estudiantes universitarios y de escuela secundaria no pueden
encontrar a Ecuador en un globo terráqueo, y en una
encuesta que se llevó a cabo seis meses después de la
devastación del huracán Katrina, un tercio de los en-
cuestados no pudieron localizar a Luisiana en un mapa
de Estados Unidos.

Necesitamos esa "designación sombrilla" que nos
dé visibilidad y coherencia para no confundir a los des-
pistados más de lo que ya están en cuanto a quiénes
somos y dónde estamos.

Este no es el momento de volver a discusiones pa-
sadas cuando los latinos unidos comenzamos a tener
cierto poder e influencia en las urnas electorales.

La columna de Rodríguez es desafortunada y di-
visoria y trivial. El periodista puertorriqueño Ed Mo-
rales no dejó pasar la oportunidad de trivializar la
trivialización con gran sentido de humor y escribe en
su blog (*www.edmorales.net/livinginspanglish.html*)
que tal parece que Rodríguez "todavía está molesto
porque escogieron a Jennifer López para el papel de
Selena".

Llamémonos lo que nos llamemos, lo cierto es que la gran mayoría de los latinos nos sentiríamos igualmente orgullosos de Sonia Sotomayor si ella fuera mexicana o boliviana o nicaragüense.

Y así debe ser.

14

UNA *NUYORICAN* QUE NO OLVIDA SUS PRINCIPIOS

LAS PALABRAS DE DOLORES PRIDA plantean un enigma interesante. ¿Cómo se ve a sí misma Sonia Sotomayor? "Soy una *nuyorican* [...] que nació y creció en Nueva York, de padres nacidos en Puerto Rico, que vinieron a Estados Unidos durante la Segunda Guerra Mundial", declaró en la conferencia de 2001.

Los padres de Sonia Sotomayor llegaron a Estados Unidos "como muchos otros inmigrantes a esta gran tierra", debido "a la pobreza y con el objetivo de encontrar y asegurar una mejor vida para ellos y para la familia que esperaban tener. En buena parte tuvieron éxito". Y la historia de ese éxito, insistió Sotomayor, "es lo que me ha hecho a mí, y lo que ha creado la latina que soy. El lado latino de mi identidad fue forjado y nutrido estrechamente por mi familia a través de nuestras experiencias y compartidas tradiciones".

¿Cómo se ubica Sonia Sotomayor en el centro de ese Jano bifronte que marca y niega discrepancias? ¿Cómo luchó contra esa tensión intentando mantener su identidad cultural "en una sociedad que es con frecuencia ambivalente acerca de cómo lidiar con esas diferencias"?

Si me dan a elegir entre dos males menores, decía Karl Kraus, no elijo ninguno. En vez de repudiar su herencia hispana, Sotomayor la defendió con orgullo. En vez de negar su pertenencia a la sociedad norteamericana, reclamó un puesto en ella. Su familia, insistió, le enseñó a amar su condición de puertorriqueña y "a amar a Estados Unidos y valorar la lección de que pueden lograrse grandes cosas si alguien trabaja duro para conseguirlas. Pero conseguir el éxito no es un logro fácil para los latinos o las latinas, y aún cuando esa lucha no creó ni crea una identidad latina, inspira la forma en que vivo mi vida".

Es una experiencia, una tradición, que pasa por el cuerpo. "Para mí", dijo Sotomayor en esa conferencia, hablando con alegre desenfado ante muchos estudiantes sonrientes y algunos adustos académicos, "un aspecto muy especial de ser latina son los abundantes platos de arroz, gandules y pernil que he comido en incontables fiestas familiares y en eventos especiales. Mi identidad latina también incluye, debido a mis papilas gustativas aventureras, la morcilla, las patitas de cerdo con garbanzo y la lengua y orejas de cuchifrito".

Para Sotomayor, la herencia latina también incluía "el sonido del merengue en todas nuestras fiestas de familia y las desgarradoras canciones de amor hispanas que disfrutábamos. Así como también los recuerdos de los sábados a la tarde en el cine con mi tía y mis primos viendo a Cantinflas, que no es puertorriqueño, pero era un ícono hispano que para mi generación estaba a la par de Abbot y Costello". (Lamentamos discrepar con Sotomayor en este punto. Tal vez si hubiera colocado a Cantinflas en la misma categoría que Charles Chaplin hubiera estado más acertada).

El "alma latina" de Sotomayor fue alimentada "cuando visitaba la casa de mi abuela y jugaba con mis primos y con mi extendida familia". Ser una niña latina era "ver a los adultos jugar al dominó el sábado en la noche y a nosotros los niños jugar a la lotería y al bingo con mi abuela anunciando los números que marcábamos con garbanzos en nuestros cartones".

¿Es tan extraño que esas experiencias marquen y diferencien a una mujer latina de alguien que es anglosajón? Pues aquel que pertenece a una familia extendida tiene una perspectiva distinta del mundo. Y en ocasiones, el modo de vida estadounidense luce como una alternativa de vida no demasiado atrayente.

Cuando se crece en un hogar pobre, y con una familia extendida, que es el caso de Sonia Sotomayor, y también el caso de millones de familias hispanas, afroamericanas, asiáticas o árabes, o de cualquier parte del mundo, que han llegado a esta nación no para saquearla sino para nutrirla con nuevos aportes culturales de toda índole, la experiencia de vida enseña la necesidad de mantenerse unidos en las buenas y en las malas. Por supuesto que hay divorcios —Sonia Sotomayor es una mujer divorciada. Pero existe también una vasta solidaridad. Y eso genera una manera diferente de enfrentar la desazón y la pérdida. Seguramente hay ovejas descarriadas, pero hay también mayores presiones para que vuelvan al redil. Hay, por cierto, codicia, pero el dinero no es el amo y señor. Por lo tanto, resulta más factible conseguir lealtad sin necesidad de comprarla. Y escasean los seres con una calculadora incrustada en su cerebro. La red social funciona. En las buenas y en las malas. Pregunten a los amigos de Sotomayor en cuántas ocasiones ella tendió una mano amiga. A comienzos de la década de los noventa, Ken Kinzer, uno de los amigos más cercanos de Sotomayor, propietario de una tintorería en Brooklyn, comenzó a tener problemas financieros. Sotomayor, que vive de su sueldo, le entregó a Kinzer, sin vacilar, un préstamo de 15.000 dólares. "Necesitábamos algo de dinero de inmediato", le dijo Kinzer a *The Washington Post*. "Y Sonia lo ofreció. Quedé muy desconcertado. Nunca hubiera esperado algo así. Inclusive miembros de mi familia me dijeron que no". Pero Sotomayor dijo que sí. Posiblemente sin esperar nada a cambio, pues las perspectivas comerciales de Kinzer no eran muy favorables. Y lo más importante: lo hizo cuando nadie la estaba observando.

En otro ejemplo, en noviembre de 2008, poco después de la elección de Barack Obama como presidente de Estados Unidos, una amiga muy cercana de Sotomayor fue internada en un hospital de Long Island tras sufrir una serie de ataques de apoplejía.

En aquel entonces, había grandes especulaciones de que Obama tenía a Sotomayor al tope de la lista en caso de abrirse una vacante en la Corte Suprema. Además, estaba abarrotada de trabajo como juez del Tribunal de Apelaciones del Segundo Circuito de Manhattan. ¿Podía alguien criticarla si se dedicaba exclusivamente a sus tareas profesionales? Sin embargo, tres o cuatro días por semana, una vez concluidas sus tareas, cuando nadie la estaba observando, cuando ningún fotógrafo o camarógrafo la estaba esperando a la salida del tribunal o frente a la puerta del edificio del West Village donde tiene su apartamento, Sonia Sotomayor enfilaba hacia el hospital de Long Island donde su amiga agonizaba, contó *The Washington Post.* La juez se dirigía a un restaurante para comprar sopa de pollo, subía a su convertible blanco Saab, enfrentaba el tráfico descomunal que afecta a la autopista de Long Island 24 horas por día, siete días a la semana, y finalmente se sentaba "junto al lecho de una mujer que con frecuencia estaba inconsciente e ignoraba que Sotomayor estuviera allí".

Esos viajes concluyeron en abril de 2009. "No debido a las presiones que ese viaje causaba en su trajinada vida, sino porque su amiga había fallecido"[1].

Esa es Sonia Sotomayor cuando nadie la está observando. No la juez, sino el ser humano. La juez sigue las normas, decide, aunque nunca sola. Y algunos de sus fallos pueden ser controversiales. Ya hablaremos de algunos de ellos. Y varios de sus comentarios pueden ser criticados. Habrá ocasión para mencionarlos. Y también pueden ser reprendidas algunas de las disculpas de Sotomayor, hechas en deferencia a personajes para quienes la corrección política es más importante que la sinceridad. Y es que resulta muy difícil unir al ser humano y la persona, lo privado y lo público. Pero cuando se trata de analizar al ser humano, Sonia Sotomayor emerge, *with flying colors*, con todos los honores. Cuando fue ascendida de la Corte de Distrito al Tribunal de Apelaciones, no olvidó mencionar en su discurso a cada uno de los conserjes y guardias de seguridad que había conocido en el recinto. La Sonia que actúa cuando nadie la está observando es aquella que ayuda a sus amigos, que no olvida sus orígenes, que no necesita marcar distancias. Esa Sonia de carne y hueso no necesita que nadie la observe para mostrar su calidad humana.

¿Quién es hispano? Un breve manual sobre cómo opera la Oficina del Censo

PREGUNTA: Inmigré a Phoenix procedente de México. ¿Soy hispano?

RESPUESTA: Usted lo es, si así lo declara.

PREGUNTA: Mis padres se mudaron a Nueva York desde Puerto Rico. ¿Soy hispano?

RESPUESTA: Usted lo es, si así lo declara.

PREGUNTA: Mis abuelos nacieron en España, pero yo crecí en California. ¿Soy hispano?

RESPUESTA: Usted lo es, si así lo declara.

PREGUNTA: Nací en Maryland y me casé con una inmigrante salvadoreña. ¿Soy hispano?

RESPUESTA: Usted lo es, si así lo declara.

PREGUNTA: Mi madre es de Chile y mi padre de Iowa. Nací en Des Moines. ¿Soy hispano?

RESPUESTA: Usted lo es, si así lo declara.

PREGUNTA: Nací en Argentina, pero crecí en Texas. No me considero hispano. ¿La oficina del Censo me considera un hispano?

RESPUESTA: No, si usted declara que no lo es.

—¿Who's Hispanic?, Pew Hispanic Center, 28 de mayo de 2009

15

LA SONIA DE AHORA NO ES LA MISMA DE ANTES

EN EL MOMENTO en que Sonia Sotomayor pronunciaba el discurso que luego erizó los cabellos de algunos senadores sureños, habían pasado casi treinta años desde su ingreso a la Universidad de Princeton.

"Mis días en Princeton", señaló en 1996, "fueron la experiencia más transformadora que jamás haya tenido. Fue allí donde me hice plenamente consciente de mi identidad latina, algo que había considerado evidente durante mi infancia, cuando estaba rodeada por mi familia y por mis amigos".

En esa conferencia de 2001, ya habían quedado atrás los años de incertidumbre y timidez. Con enorme esfuerzo, con las mandíbulas apretadas, Sotomayor debió avanzar en una jungla de algodón y de sonrisas azucaradas. La tímida estudiante no debía sentirse muy cómoda frente a otros alumnos que provenían de colegios donde las matrículas eran muy costosas, y que parecían salidos de una novela de Francis Scott Fitzgerald, con más experiencia en las canchas de tenis o en el uso de esquíes que en frecuentar bibliotecas*. Encandilada con las novelas de la niña detective Nancy Drew, Sotomayor recién descubrió los clásicos en Princeton.

Sotomayor tenía una extraordinaria capacidad para aprender, pero también era cautelosa y deliberada. "Ella era lenta para unirse a grupos", declaró a *The Daily Princetonian* Margarita Rosa, quien era en esa época miembro del grupo estudiantil Acción Puertorriqueña. "Ella evaluaba las cosas durante un tiempo antes de decidir si se unía a alguna agrupación". Pero, antes de concluir su primer año en Princeton, Sotomayor ya había mostrado su madera de líder al ser designada co-presidente de Acción Puertorriqueña.

Junto con otros líderes hispanos de la universidad, presentó una demanda ante el Departamento de Salud, Educación y Bienestar Social del gobierno federal en que acusó a Princeton de "una pauta institucional de discriminación" contra puertorriqueños y chicanos. En la carta, se denunciaba "la falta total de consideración, preocupación y respeto por un pueblo y su cultura", así como "el intento —hasta ahora exitoso— de relegar al olvido a un importante sector cultural de la población".

Según *Newsweek,* "lo importante era que Sotomayor y los otros estudiantes activistas estaban trabajando dentro del sistema". Algunos compañeros de Sotomayor de la universidad dijeron que ésta logró calmar los ánimos de aquellos que deseaban pasar a la acción, y ocupar algunos edificios del campus. Había surgido ya la Sotomayor que deseaba "cambiar el sistema trabajando dentro de él".

En su discurso en Berkeley en 2001, Sonia Sotomayor, una

---

* "Aparentemente, Sotomayor nunca tropezó con una descarada discriminación" en la Universidad de Princeton. "Los estudiantes de Princeton son generalmente demasiado corteses para eso. El sentido de exclusión era más sutil... El primer día de Sotomayor (en la universidad) una muchacha sureña se dirigió a ella y a otras dos muchachas hispanas y dijo que era maravilloso que en Princeton hubiese toda esa gente estrafalaria". *Newsweek,* 20 de julio de 2009.

activista que nunca aflora cuando se trata de emitir dictámenes, pero sí en sus discursos ante colegas, señaló la falta de representación latina en la judicatura. Para 2001, dijo, no había latinos en la Corte Suprema, "tenemos apenas 10 de 147 jueces en tribunales de circuito y 30 de 587 en cortes de distrito. Esas cifras están muy por debajo de nuestra proporción en la población (total)".

Apenas en 1965, destacó, había sólo tres mujeres en tribunales federales, y sólo una juez latina. "Sí, ha habido cambios", reconoció Sotomayor, pero a paso de tortuga. "Y muchas más cosas deben ocurrir" para enderezar las cargas. Ocho años después de esa conferencia, algo muy importante está ocurriendo.

CUARTA PARTE

La confirmación

Furor en la web por audiencias

Annie Correal

El Diario La Prensa, Nueva York, 15 de julio de 2009

SU TRAJE ROJO. Su forma de tomar notas. Su impecable memoria de la historia legal.

Gracias al Internet, millones de personas pudieron
ver las audiencias de confirmación de la juez Sonia Sotomayor y comentar sobre cada detalle del proceso que
cautivó al público a nivel mundial durante su segundo
día en Washington, D.C.

Sin importarle el idioma o la cultura, el público siguió la cobertura de las audiencias de la juez hispana y
compartió sus sentimientos de apoyo, pero también de
disgusto, usando sitios de Internet gratis como Facebook, Twitter y YouTube.

En Facebook —un sitio de web que se transformó
de una simple red social en una herramienta política
durante la campaña del presidente Barack Obama—
varios grupos que se crearon para apoyar a Sotomayor
para la vacante en la Corte Suprema vieron su número
de amigos, o subscriptores, crecer de manera exponen-
cial. La página Confirm Sonia Sotomayor! tuvo unos
14.000 amigos al final del día. También hay grupos en
contra de la candidata; la página Stop Sotomayor tuvo
380 amigos.

En Twitter, un sitio de web en que usuarios pueden
compartir noticias en vivo por medio de mensajes de
una frase, Sotomayor fue entre los tres temas más po-

pulares durante todo el día. (Harry Potter y Happy Bastille Day eran los otros dos).

[...] Muchos jóvenes están demostrando su apoyo a la juez de una forma novedosa por el Internet. Una página de Facebook dedicada a la juez, Sonia Sotomayor for U.S. Supreme Court Justice, tenía 9.828 amigos, o usuarios, al cierre de esta edición. Un afiche con la imagen de la juez en anaranjado y amarillo, diseñada por la organización activista Presente.org (www.presente.org), se ha propagando como pólvora gracias a las páginas Facebook y Twitter. El mensaje era: *"I Stand With Sotomayor"*, o "Yo Apoyo a Sotomayor".

La confirmación paso a paso

Manuel Avendaño

El Diario La Prensa, Nueva York, 8 de agosto de 2009

NUEVA YORK—La jubilación del juez de la Corte Suprema, David Souter, —anunciada el pasado 1 de mayo— inició el histórico camino para el nombramiento de una hispana en esa posición. La confirmación de la magistrada Sonia Sotomayor en el Senado coronó la trayectoria de esta mujer de origen humilde en El Bronx que hoy juramentará como la primera hispana en llegar a tan alto cargo. Aquí la cronología de los hechos.

1 de mayo: se anuncia la jubilación del juez David Souter, de 69 años, después de 20 años en la Corte Suprema de la nación. El presidente Barack Obama anuncia que nominará a un individuo "dedicado al estado de derecho".

2 de mayo: la noticia del retiro de Souter desata una fiebre de especulaciones sobre su posible sucesor y se apunta hacia una mujer. Entre los nombres que se barajan están el de la procuradora general Elena Kagan, las jueces de tribunales federales de apelación, Kim McLane Wardlaw, Sandre Lea Lych, Diane Pamela Wood y Sonia Sotomayor, una hispana de El Bronx. La única magistrada en el Supremo, Ruth Bader Ginsburg, de 76 años, diagnosticada en febrero con cáncer de páncreas, se reincorpora a sus funciones tras su tratamiento y dice no tener intención de retirarse.

4 de mayo: se anuncia que el presidente Barack Obama ha comenzado el proceso para seleccionar al juez que ocupe la vacante dejada por el magistrado Souter. Se pone en contacto con legisladores que deberán confirmar al candidato o candidata.

5 de mayo: las noticias señalan que Obama favorece un proceso rápido para que el nuevo juez ocupe su cargo para el primer lunes de octubre, cuando el Supremo inicie su nueva sesión.

7 de mayo: la posibilidad de Sotomayor en convertirse en la primera latina en llegar al Tribunal Supremo despierta entusiasmo entre los hispanos consultados. Los medios destacan su nacimiento en El Bronx, de padres puertorriqueños, y su desempeño como juez del Segundo Circuito de Apelaciones de la nación desde 1992, su bachillerato de la Universidad de Princeton y su grado en Derecho en la Universidad de Yale en 1979.

7 de mayo: el alcalde de Nueva York, Michael Bloomberg, se entrevista con el presidente Barack Obama y le habla a favor del nombramiento de Sonia Sotomayor para el Tribunal Supremo.

11 de mayo: una coalición de organizaciones hispanas —Latinos por un Sistema Judicial Justo— pide al presidente Obama que designe a un latino al Tribunal Supremo para que, por primera vez en la historia, esta minoría tenga una voz en esa corte y en las decisiones más importantes de la nación.

12 de mayo: la Casa Blanca critica la presión de grupos hispanos y advierte que puede ser contraproducente en el proceso. El portavoz Robert Gibbs afirma que la decisión es una "que el presidente tomará solo".

17 de mayo: *El Diario La Prensa* reconoce a destacadas mujeres hispanas durante su almuerzo anual incluyendo a Sonia Sotomayor que recibe el galardón por sus logros en la carrera judicial.

23 de mayo: C-SPAN difunde una entrevista al presidente Obama en la que habla sobre las cualidades que debe tener su próximo nominado al Tribunal Supremo. "Quiero a alguien que tenga la capacidad intelectual, pero también un poco de empatía y tenga un sentido práctico de cómo funciona el mundo", afirma el presidente.

26 de mayo: Obama nomina a la juez Sonia Sotomayor en medio de una gran expectativa general. El presidente camina despacio hacia el micrófono teniendo a su izquierda al vicepresidente Joe Biden y a su derecha a la que muchos querían ver: Sonia Sotomayor, quien hace historia al ser la primera juez hispana nominada para la Corte Suprema, el nombramiento más alto que ha recibido una hispana en los Estados Unidos. Sotomayor dice "aceptar con mucha humildad" esta distinción.

27 de mayo: se inicia la batalla por la confirmación de Sotomayor. Se discute en torno a su sello y legado en la Corte Suprema. Se analiza una larga lista que incluye tópicos como igualdad en fondos para la educación, asilo político, aplicación de la ley en derechos civiles, discriminación laboral, entre otros. Obama presiona al Senado para que confirme rápidamente a Sotomayor.

27 de mayo: el senador de Alabama, Jeff Sessions, el republicano de mayor jerarquía en la Comisión Judicial del Senado, dice que es "posible" su respaldo a Sotomayor, pero luego de "echar una nueva mirada a su trayectoria".

29 de mayo: Sotomayor se alista para las audiencias senatoriales en Washington.

30 de mayo: Obama vuelve a presionar al Senado para actuar con rapidez.

31 de mayo: el senador Sessions pide a sus colegas republicanos cesar sus ataques y acusaciones de que Sonia Sotomayor es una "racista".

1 de junio: Grupos hispanos y puertorriqueños re-

accionan molestos contra la aerolínea Spirit Airlines por usar la imagen de una juez hispana para promover boletos de ocho dólares.

2 de junio: Sotomayor sostiene su primera reunión en el Capitolio con el líder de la mayoría del Senado, Harry Reid.

3 de junio: la primera dama, Michelle Obama, sale en defensa de Sotomayor, después que el ex presidente de la Cámara de Representantes, el republicano Newt Gingrich, se retractara de haber calificado a la juez de racista.

9 de julio: el líder anti-aborto y fundador de la organización Operation Rescue, Randall Terry, reparte frente a las oficinas de la Arquidiócesis de Filadelfia un volante con la mitad de la cara de la juez Sonia Sotomayor desfigurada como una calavera.

13 de julio: primera audiencia de confirmación en el Senado.

14 de julio: en el segundo día Sotomayor aclara comentarios que algunos usaron para acusarla de racista.

15 de julio: Sotomayor soporta intensos interrogatorios sin perder la calma.

16 de julio: Sotomayor dice que espera que la historia la recuerde como una juez justa, una persona bondadosa, que dedicó su vida a servir a su país.

17 de julio: Sotomayor logra apoyo de senadores republicanos.

28 de julio: la Comisión Judicial del Senado aprueba por mayoría la confirmación de Sonia Sotomayor como la primera juez hispana en la Corte Suprema y remite la postulación al plenario de la Cámara Alta.

6 de agosto: el Senado realiza su votación final y confirma a Sotomayor como juez de la Corte Suprema, con una votación de 68 a favor y 31 en contra. La hispana hace historia.

16

SOTOMAYOR SE PREPARA PARA LAS AUDIENCIAS
DE CONFIRMACIÓN

UN PROCESO JUDICIAL da la ilusión de que dos partes, el acusador y el acusado, están disputando los mismos hechos, las mismas evidencias. Pero en realidad, cada parte construye su propia narración.

Una audiencia de confirmación en el Senado de Estados Unidos ofrece una ilusión parecida: quienes respaldan la confirmación, quienes se niegan a ella, parecen disputar los mismos hechos, las mismas evidencias. Pero en realidad, aparte del nominado, hay escasos puntos de confluencia. Tanto quienes apoyan la confirmación, como quienes se oponen a ella, tejen su propia narración.

Con cada nueva nominación de un juez para la Corte Suprema, dice el ensayista David Greenberg, "más intenso es el esfuerzo por dar una interpretación favorable de los hechos y por escribir guiones" a fin de guiar a los candidatos. "Y ahora tenemos, por ejemplo, 'sherpas' elegidos para guiar al nominado final a través del Senado, audiencias de ensayo con antelación, repletas de asesores de la Casa Blanca que interpretan el papel de senadores del partido de la oposición, y, en la actualidad, un presidente que comenzó a analizar posibles candidatos al tribunal supremo inclusive antes de asumir el cargo"[1]. Y en el caso de Sonia Sotomayor, la situación fue bastante parecida. La juez contó con un equipo encargado de analizar las posibles preguntas de los senadores republicanos, encabezado por Cynthia Hogan —asesora del vicepresidente Joseph Biden. Y eso permite entender por qué, a medida que fueron transcurriendo las audiencias, la voz personal de Sotomayor se fue diluyendo, para ser reemplazada por un coro de voces que la iban asesorando. Es como en las campañas políticas que se realizan en Estados Unidos, donde el candidato, que al principio emerge porque tiene carisma, o ideas originales, o un enfoque distinto de la situación que vive su condado o su país, luego va moldeando su discurso y sus modales con ayuda de sus asesores, hasta que resulta indistinguible de su adversario.

Otra persona que aconsejó a Sotomayor fue la senadora de Nueva York Kirsten Gillibrand. En una entrevista exclusiva con *El Diario La Prensa,* Gillibrand dijo que asesoró a la juez para que fuese "ella misma" durante las audiencias de confirmación. Y eso, en labios de Gillibrand, debe haber causado cierta sorpresa en los medios latinos de Nueva York. Pues muchos ignoran cuándo la propia senadora Gillibrand es "ella misma", tomando en cuenta que en menos de un año pasó de ser el adalid de una política anti–inmigratoria a ser la campeona de los derechos de los inmigrantes. A raíz de esos cambios de actitud, Nydia Velásquez, y junto con ella el senador Charles Schumer y líderes afroamericanos como Al Sharpton, decidieron brindar su apoyo a Gillibrand. Velázquez se congratuló de que la senadora "haya hecho los cambios que le hemos pedido" y "desarrollado la sensibilidad que queríamos". Y lo mejor del caso, sin dejar de ser "ella misma".

Otra de las tareas de esos *sherpas,* que adiestran a los nominados para un cargo, es bastante similar a la de los entrenadores de pugilistas. Consiste en enseñar a sus pupilos a recibir un vapuleo constante sin que den muestras de dolor o cansancio.

Sotomayor causa excelente impresión

**Varias fuentes coincidieron en que tras el
destacado desempeño de la juez, su confirmación
no debería tener mayores obstáculos**

Antonieta Cádiz

La Opinión, Los Ángeles, 14 de julio de 2009

WASHINGTON, D.C.—Con una jornada que se prolongó por más de tres horas, se dio inicio al histórico proceso de audiencias que determinará si Sonia Sotomayor se integra como la novena juez de la Corte Suprema del país.

Durante la sesión, legisladores republicanos y demócratas repitieron los argumentos que han enfatizado desde que el presidente Barack Obama anunció la candidatura de la juez hispana. Mientras, ella con seriedad y firmeza habló en público, tras casi dos meses de silencio y destacó ante todo su "fidelidad a la ley".

Dentro de los diversos puntos formulados por los legisladores republicanos, los más enunciados giraron en torno al supuesto activismo de Sonia Sotomayor, su capacidad de formular juicios objetivos y sus comentarios en discursos anteriores, como el que realizó en la Universidad de California, Berkeley, donde dijo que "una mujer latina sabia, con la riqueza de sus experiencias, llegará a mejores conclusiones que un hombre blanco que no ha experimentado esa vida".

Al contrario, al otro lado de la mesa, los senadores

demócratas no se cansaron de repetir la frase: "Sotomayor trae más experiencia a los tribunales federales que cualquier otro nominado al Alto Tribunal en los últimos cien años".

Esto, además de destacar la moderación que ha demostrado la juez en diversos casos, rechazando las premisas de activismo y parcialidad levantadas por la minoría republicana.

Al momento de evaluar la jornada, Tom Goldstein, fundador de Goldstein y Howe, una firma de abogados que se especializa en litigios en la Corte Suprema dijo a *La Opinión* que en general no hubo mayores sorpresas y que tanto ataques como defensas en torno a la figura de la juez hispana "estuvieron en el rango de lo esperable, por lo que es probable que la confirmación pase sin mayores problemas".

Desde el comienzo

Cerca de las 9:30 de la mañana, la familia de la juez arribó al salón 216 del edificio Hart. Ahí tomaron asiento en la primera fila destinada a los invitados especiales, justo detrás del puesto que debía ocupar la candidata al máximo tribunal.

Celina Sotomayor, la madre de la juez, estaba al frente de todos, seguida por su hijo Juan Sotomayor, su esposo Omar López, su nuera Tracey Sotomayor, su nieta Kiley Sotomayor y sus nietos Connor y Corey Sotomayor.

Cerca de las 9:55 de la mañana, la juez entró a la sala, escoltada por el presidente del Comité Judicial del Senado, el demócrata Patrick Leahy y el republicano Jeff Sessions.

Vestida de azul y sonriente, la juez caminó sin muletas, a pesar de la fractura que sufrió en su tobillo derecho después de ser nominada. Una vez que llegó a su lugar, asignado al centro de la habitación, varios senadores se acercaron a saludarla.

En su introducción, Leahy destacó los antecedentes académicos y la experiencia de la juez. "Ella tiene una clara comprensión de la vida real de los estadounidenses", dijo.

El presidente del Comité Judicial también agregó que diversos grupos conservadores comenzaron a atacar a Sotomayor antes de siquiera ser nominada, y enfatizó que esos grupos habían amenazado a varios senadores republicanos que no se oponían a su candidatura.

Por su parte, el senador del partido de oposición, Sessions, cuestionó el estándar de empatía, mencionado por el presidente Obama antes de anunciar el nombramiento de la juez.

"No votaré y ningún senador debería votar por alguien nominado por un presidente que cree que es aceptable para un juez permitir que su propia historia personal, género, prejuicios o simpatías cambien su decisión a favor o en contra de ciertas partes ante la Corte", explicó.

A medida que avanzaba la jornada y con ella los discursos de diversos senadores republicanos que cuestionaban su trayectoria, la cara de Sonia Sotomayor dejaba ver un toque de preocupación. Su ceño se fruncía de vez en cuando, mientras intentaba sonreír tras los discursos de introducción.

Cerca de las dos de la tarde se reinició la audiencia, tras una hora y media de receso, mientras la expectativa giraba en torno a las palabras que Sotomayor pronunciaría en su discurso de introducción. Luego de las presentaciones de los dos senadores demócratas de Nueva York, Charles Schumer y Kirsten Gillibrand, Leahy le pidió que se levantara para tomar el juramento ante el Comité.

Un silencio absoluto inundó la sala mientras la juez hispana comenzaba su discurso. En su introducción, Sotomayor mencionó sus reuniones con 89 senadores y aprovechó la oportunidad para dar las gracias a su madre y a su familia.

"Estoy hoy aquí debido a sus aspiraciones y a los sacrificios que hizo por mi hermano Juan y por mí. Mamá, me encanta que estemos compartiendo esto juntas", dijo mientras hacía una pausa en su declaración para girar la cabeza y mirar a su madre, Celina Sotomayor.

"Fue una jornada sumamente emotiva, se demostró su calidad personal y profesional. Tuvo un temple increíble", dijo la congresista demócrata Nydia Velásquez a *La Opinión*.

"Yo me juré veinte veces que no iba a llorar, pero es bien difícil, porque uno se acuerda de sus propios padres", agregó el congresista demócrata José Serrano.

Luego, la juez rememoró su historia de vida, la salida de sus progenitores de Puerto Rico, El Bronx, la muerte de su padre y las lecciones de vida que le dio su madre. Tras esto, se refirió a su trayectoria profesional y cómo a través de tres décadas ha adquirido diferentes perspectivas del sistema judicial: como fiscal, abogada litigante de empresas, juez de primera instancia y juez de apelaciones.

"En el último mes, muchos senadores me han preguntado sobre mi filosofía judicial. Es muy simple: ser fiel a la ley. La labor de un juez no es formular leyes sino aplicar las leyes. Y en mi opinión, está claro que mi historial en dos tribunales refleja mi riguroso compromiso con interpretar la Constitución según sus términos; interpretar los estatutos según sus términos y lo que se proponía el Congreso, y ceñirme fielmente a los precedentes establecidos por la Corte Suprema y mi Tribunal de Distrito", dijo.

Viejas rencillas

Aunque la audiencia estuvo dedicada a analizar la capacidad y credenciales de Sotomayor, el nombre de Miguel Estrada surgió más de una vez en el recinto.

Estrada fue nominado en 2001 por el presidente George W. Bush para el Tribunal de Apelaciones, pero su candidatura no llegó a ser votada por el pleno del Senado y por lo tanto nunca pudo aspirar a convertirse en juez de la Corte Suprema, lo que varios conservadores creen que habría sido posible.

Fue tanta la polémica en torno a este punto, que motivó un intercambio de palabras entre los senadores Patrick Leahy y Jeff Sessions, respecto a los motivos por los cuáles la nominación de Estrada no fue votada.

"Lo bloquearon siete veces", dijo Sessions. Leahy a su vez recalcó que Estrada se rehusó a contestar las preguntas enviadas por los demócratas y mencionó una oferta que se le hizo por parte de una firma de abogados.

Al respecto el líder de la mayoría en el Senado, Harry Reid, dijo a *La Opinión* que no entiendía la razón por la cual los legisladores republicanos mencionaron este caso.

"¿Eso justificaría que ellos bloqueen a Sotomayor? Es un razonamiento extraño. No sé qué están esperando. Es claro lo que pasó en el caso de él: se negó a divulgar los documentos del período en que trabajó para el gobierno de Bush. Nosotros le rogamos que los entregara y nunca lo hizo", aseguró.

Por otra parte, el legislador republicano Lindsey Graham saludó a Sotomayor y le dijo que a menos que tuviera una crisis emocional "era probable que fuera confirmada".

17

> En una ocasión, el senador republicano Jeff Sessions "dijo que
> nunca había pensado que el Ku Klux Klan fuera malo, hasta
> que descubrió que algunos de sus integrantes fumaban mari-
> huana. [Sessions] aseguró que había formulado esos comenta-
> rios en broma".
>
> —*The Hinterland Gazette*

QUIEN CONTROLA EL DISCURSO, controla el poder.

Los republicanos, mucho más que los demócratas, son unos maestros a la hora de controlar el discurso. El columnista Philip Stephens señaló en una ocasión en *The Financial Times* que lo extraordinario del Partido Republicano es la manera en que transforma lo blanco en negro. En 2004, el presidente George W. Bush se enfrentó al candidato demócrata John Kerry. Bush no acudió al llamado a filas durante el servicio militar y así se salvó de ir a Vietnam; en cambio, Kerry sí peleó en Vietnam, y muchos lo consideraron un héroe de guerra. (Aunque a veces, la idea de un héroe de guerra puede ser muy curiosa. El mismo Kerry reconoció que su tarea principal era ir al comando de una lancha rápida junto con un grupo de compañeros y cañonear o ametrallar los bosques, ignorando qué se ocultaba en ellos, si animales, milicianos, civiles o sencillamente árboles. Pero Kerry, al menos, cumplió con su deber). Por lo tanto, la maquinaria republicana decidió demostrar que el heroísmo de Bush por no ir a la

guerra era genuino, mientras que el de Kerry, que sí había ido
a la guerra, era totalmente inventado. Y los republicanos lanzaron una campaña para demostrar que Kerry no merecía sus
medallas.

En las audiencias de confirmación de Sotomayor, el senador Jeff Sessions trató de convertir las cualidades de la juez
en sus defectos, mientras barría limpiamente debajo de la al-
fombra sus propios defectos como racista contumaz, y pre-
tendía ser imparcial y justo.

Jefferson Beauregard Sessions III, senador republicano de
Alabama, se convirtió en 2009 en el principal miembro de su
partido en el Comité Judicial del Senado, luego de que el senador de Pensilvania Arlen Specter decidió abandonar el partido. Quiso la (mala) suerte que los republicanos fueran
liderados por Sessions en las audiencias de confirmación de
Sotomayor, y que éste hiciera aflorar la palabra "racismo"
para evaluar las posiciones de la juez. Nadie más apto que
Sessions para mencionar la soga en casa de ahorcado. Su propia historia revela que inclusive en un partido derechista
como el republicano, sus posiciones son consideradas extre-
mistas. En 1986, el presidente Ronald Reagan nominó a Jeff
Sessions como juez de Corte de Distrito Federal. Y es bueno
tener en cuenta el contexto. En el momento de la nominación
de Sessions, Reagan había logrado la confirmación de unos
200 jueces en el sistema federal (eso fue previo al descalabro
que sufrió con Robert Bork), y los republicanos tenían la mayoría en el comité judicial del Senado.

Luego de algunas embarazosas sesiones, Sessions se convirtió en apenas el segundo hombre en medio siglo en no ser
confirmado. Dos republicanos votaron en su contra, entre
ellos Arlen Specter, el mismo que le cedió el cargo tras ale-
jarse de los republicanos con un broche apretando su nariz.

Otro senador republicano, Howell Heflin, por cierto, nativo de Alabama como Sessions, también votó contra su coterráneo señalando que tenía "dudas razonables" sobre la capacidad del nominado "para ser justo e imparcial".

El blog NNDB dijo en julio de 2009 que "la designación de Jeff Sessions para una judicatura federal fue rechazada en 1986 por el Comité del Senado de Estados Unidos pues éste hizo numerosas declaraciones racistas. En una ocasión dijo que un abogado blanco era 'una desgracia para su raza' por defender los derechos civiles, y en otra expresó su admiración por el Ku Klux Klan. Entre las aclaraciones que formuló Sessions durante el proceso en que se negó su aprobación, figuró ésta: 'Tal vez señalé que la NAACP [Asociación Nacional por el Avance de la "Gente de Color", o sea, grupos minoritarios] era antiestadounidense o comunista, pero no con la intención de causar daño alguno' ".

Y el *Hinterland Gazette,* que se define como una fuente de "comentarios conservadores" desde "una perspectiva afroamericana", señaló que Sessions había servido en bandeja la causa de los liberales durante las audiencias de confirmación de Sonia Sotomayor.

"Ciertamente", dijo el blog, "la imagen de un senador sureño blanco presionando a una juez hispana en torno a temas de acción afirmativa, acarrea implicaciones raciales que los progresistas no tienen problema en discutir. Por ejemplo, Ian Millhiser, analista de investigaciones legales del Center for American Progress Action Fund, una fábrica de ideas de tendencia demócrata, declaró a *The Huffington Post* que estaba "atónito de que los conservadores hubiesen elegido a una persona con un prolongado historial de ataques en base a la raza como su representante en las audiencias de Sotomayor".

Jeffrey Toobin dijo en la revista *The New Yorker* que "había algo desagradable en el hecho de que Sotomayor fuese sermoneada en el tema de los derechos civiles por seres como el senador Jeff Sessions, de Alabama, cuyos retrógrados puntos de vista sobre la raza en 1986 hicieron que fuera rechazado para la obtención de un cargo como juez federal por el propio comité que ahora integra". (*The New Yorker,* 27 de julio de 2009).

Ya en una oportunidad anterior Sessions y Sotomayor cruzaron espadas. En 1997, cuando Sotomayor fue nominada para un cargo en el Tribunal de Apelaciones del Segundo Circuito, enfrentó una serie de preguntas de Sessions relacionadas con la judicatura. Esas preguntas iban desde condenas mínimas obligatorias, hasta los derechos de los detenidos homosexuales y la relevancia histórica de la Constitución.

En esa ocasión, Sotomayor demostró una vez más su capacidad para lidiar con preguntas incómodas. Sessions, un seguidor de Robert Bork y de Antonin Scalia, preguntó a la juez si estaba de acuerdo con que "debemos respetar la Constitución y hacerla cumplir, tanto las partes buenas como las malas".

"Absolutamente, señor", respondió Sotomayor.

Sessions volvió a la carga. "¿Realmente socavamos y debilitamos la Constitución cuando intentamos torcerla para que se acomode a los sentimientos contemporáneos de este momento?", preguntó.

"No creo que debamos torcer la Constitución bajo circunstancia alguna", respondió Sotomayor. "Dice lo que dice. Y estamos moralmente obligados a respetarla".

Tomando en cuenta las observaciones de Thurgood Marshall, quien dijo en 1987 que la Constitución de Estados Unidos "requirió varias enmiendas, una guerra civil y trascendentales transformaciones sociales para alcanzar el sistema de gobierno constitucional y el respeto por las libertades individuales y los derechos humanos, que consideramos hoy fundamentales", las respuestas de Sotomayor parecen alinearla en el campo del originalismo sustentado por Bork y por Scalia. Pero tampoco eso es seguro. Pues Sotomayor estaba respondiendo a Sessions, un partidario de las tesis de Bork. Tal vez fue una amable manera de ceder posiciones, con el propósito de mantener vivas sus esperanzas de nominación. Algo que consiguió al demostrar su elegancia en las respuestas, o la amabilidad con que enfrentó el cañoneo republicano.

Quien controla el discurso, controla el poder.

De un lado estaban los senadores republicanos, siempre con los pies sólidamente apoyados en la tierra, apelando al miedo más ancestral de moda, al patriotismo y a los valores que en una época hicieron grande a Estados Unidos. Del otro lado, estaba la juez Sotomayor, tratando de defenderse con calma, intentando usar la racionalidad.

Melissa Harris-Lacewell dijo en la revista *The Nation* que "Sotomayor ha sido elogiada por su dignidad, su calma, su uniforme tono de voz cuando respondía a falsas acusaciones. Ella se las arregló para reírse de chistes machistas. Nunca vaciló cuando fue interrumpida de manera reiterada. [...] Las reglas del juego fueron fijadas: los senadores podían falsificar su récord, acusarla de prejuicios raciales y pronunciar mal su nombre, pero ella no podía responder de la misma manera, ni sentirse dolorida, u ofendida, o indignada. Ella tenía que seguir siendo un pilar de racionalidad, y neutralidad y control"[1].

Y Sonia Sotomayor demostró sus virtudes en esas diez semanas de debate, hasta que fue confirmada por el Senado, logrando, tal como señaló el periodista Charles Savage: "Una resonante victoria para la Casa Blanca"[2].

Sotomayor responde con inteligencia

Se enfrenta a temas como el aborto, género y raza; enfatiza su apego al marco de la ley

Antonieta Cádiz

La Opinión, Los Ángeles, 15 de julio de 2009

WASHINGTON, D.C.—El segundo día de audiencias de la juez Sonia Sotomayor en el Comité Judicial del Senado estuvo dedicado a las preguntas en torno a temas clave, como aborto, Segunda Enmienda (el derecho al porte de armas para la defensa personal), su postura frente a género, raza y el famoso caso de los bomberos que denunciaron "discriminación a la inversa" (*Ricci vs. DeStefano*).

Durante la jornada, la juez hispana respondió a los interrogantes enfatizando la necesidad de respaldar sus decisiones con una base legal. Asimismo, dio una mayor claridad respecto al lugar ideológico que ocupará en el máximo tribunal.

Estaba claro. Los legisladores republicanos no perderían la oportunidad de cuestionar a Sotomayor en temas polémicos, mientras miembros del Partido Demócrata usarían su tiempo para destacar áreas relevantes en su agenda, como por ejemplo, la expansión de los poderes del gobierno en el ámbito de la seguridad nacional.

Ya lo han dicho diversos expertos: ésta es una oportunidad para conocer los pensamientos y posturas de la candidata del presidente Barack Obama, pero también es un diálogo legislativo y un momento en que diversos senadores enfatizan sus posturas, aprovechando la audiencia que tiene este proceso.

Por supuesto, temas como aborto y Segunda Enmienda salieron a relucir. Al respecto, Sotomayor en general aseveró que "considera todos los precedentes de la Corte Suprema como ley consolidada"; esto, a propósito de una serie de casos nombrados por diversos legisladores en torno al aborto, como *Roe vs. Wade**.

En relación a la Segunda Enmienda, o el derecho a portar armas, la juez hispana aseguró que comprende lo importante que es este derecho para tantos estadounidenses. "No tendría prejuicios a la hora de enfrentarme a esta cuestión si me convierto en miembro de la Corte Suprema", dijo. Al mismo tiempo, mencionó que incluso uno de sus parientes es miembro de la Asociación Nacional del Rifle (NRA, por sus siglas en inglés).

Respecto al desempeño de la juez al responder las preguntas de los legisladores, el secretario de prensa de la Casa Blanca, Robert Gibbs, dijo que "lo está haciendo realmente bien".

Por otra parte, diversos expertos han mencionado que Sotomayor ha sido bastante cautelosa y que ha evitado comprometer su postura en áreas conflictivas, sobre todo aludiendo a la frase "no prejuzgo los casos".

---

* En el caso *Roe vs. Wade*, de 1973, la Corte Suprema de Justicia de Estados Unidos falló que una madre puede abortar en el curso de su embarazo, por cualquier motivo, hasta la fecha en que "el feto se hace 'viable'". La corte definió el término de "viabilidad" como aquel que permite al feto "vivir fuera del útero materno, aunque con ayuda artificial". En el fallo se indicó que la viabilidad podría registrarse entre las veinticuatro y las veintiocho semanas de embarazo. La Corte Suprema también señaló que tras la viabilidad del feto, el aborto podría permitirse si su propósito es proteger la salud de una mujer.

Sin embargo, lo que ha quedado claro para algunos analistas es el rol que la candidata del presidente tendrá si consigue su confirmación en la Corte Suprema.

"Considerando los comentarios que se han hecho en la audiencia es claro que ideológicamente ella se encuentra en la centroizquierda. Intelectualmente, está bien informada y es muy capaz de cubrir muchos temas complejos sin dificultad", aseguró a *La Opinión* Tom Goldstein, fundador de Goldstein & Howe, una firma de abogados que se especializa en litigios en la Corte Suprema.

Diversos legisladores presentes durante la sesión del Comité Judicial, como la presidente del Hispanic Caucus, Nydia Velásquez, elogiaron el "temple personal y profesional" demostrado por Sotomayor durante la jornada.

El día paso a paso

Cerca de las 9:30 a. m., Sonia Sotomayor entró a la sala 216 del edificio Hart para iniciar su segundo día de audiencias. Vestida de rojo y sonriente, fue escoltada por el presidente del Comité Judicial, Patrick Leahy, demócrata de Vermont, mientras saludaba a su familia y conocidos.

En su primera pregunta, Leahy le preguntó sobre las cualidades que debe tener un juez de la Corte Suprema. "El proceso de juzgar requiere tener una mente abierta", dijo Sotomayor. "No llegar a una decisión con prejuicios. Entender las posiciones de las partes, los hechos, antecedentes. La decisión siempre se encuentra en el marco de lo que dice la ley", agregó.

Leahy también recordó los diferentes comentarios y ataques que ha recibido Sotomayor desde que fuera nominada por el presidente Barack Obama. "Ésta es su oportunidad para responder", le comentó.

La juez se refirió a su comentario respecto a ser una "latina sabia". "Doy discursos a diferentes grupos: mujeres, jóvenes latinos, etcétera. Estaba tratando de inspirar a ese grupo y demostrarles que su experiencia de vida puede enriquecer el proceso judicial. El contexto ha creado un malentendido respecto a mis declaraciones. No creo que ningún grupo tenga una ventaja para juzgar por sobre otro", explicó Sotomayor.

Luego, concentrada, la juez respondió cada una de las preguntas planteadas por el republicano de más alto rango en el Comité Judicial, Jeff Sessions.

En sus 30 minutos, el legislador se centró primero en cómo las experiencias de vida afectan el proceso de juzgar y repitió varias veces las declaraciones de Sotomayor respecto al discurso en que ella se describió como una "latina sabia".

En este sentido, las respuestas de la nominada fueron consistentes: "Los jueces tienen la obligación de examinar lo que están sintiendo. Es importante que no asuman que son imparciales y, en cambio, pongan a prueba sus sentimientos y estén seguros de que no estén influyendo en su decisión".

Tomando notas de manera constante, Sotomayor respondía de inmediato a los comentarios y preguntas de Sessions, quien luego se enfocó en el caso *Ricci vs. DeStefano**.

---

* En el caso, diecinueve bomberos blancos y un hispano acusaron a funcionarios de la ciudad de New Haven en Connecticut, de practicar "racismo a la inversa" al desechar los resultados de dos exámenes de promoción. En el capítulo 9 se ofrecen más detalles del debate, y el fallo que dio la Corte Suprema a favor de los demandantes.

Sotomayor reconoció que los bomberos tenían la simpatía de la Corte del Segundo Circuito; sin embargo, subrayó que la decisión del caso se tomó con un voto de mayoría.

Al respecto, Sessions sugirió que ella podría haber votado para revertir el fallo de la corte de distrito, al mismo tiempo que citó el hecho que el juez José Cabranes así lo hizo*.

Por otra parte, durante su turno, el senador republicano Orrin Hatch se refirió al supuesto acoso y rumores a los que ha sido expuesto Frank Ricci, principal demandante en el caso *Ricci vs. DeStefano*, y que habrían sido originados por el grupo People for the American Way.

"Sé que usted no tiene nada que ver", aclaró Hatch. Muy enfática, Sotomayor respondió: "Nunca aprobaría o toleraría ese tipo de conducta".

Cuando le tocó el turno a la senadora demócrata Dianne Feinstein, ésta mencionó que la audiencia no giraba en torno a la figura del juez Miguel Estrada, mencionado varias veces por legisladores del Partido Republicano†.

"Estrada no hubiera sido capaz de responder las preguntas que Sotomayor ha enfrentado", dijo Feinstein.

---

* Como profesor de la Universidad de Yale, José Antonio Cabranes fue uno de los primeros mentores de Sonia Sotomayor. Posteriormente, fue designado juez. En junio de 2009, siendo integrante del Tribunal de Apelaciones del Segundo Circuito, Cabranes, junto con cinco de sus colegas, cuestionó la decision de tres magistrados, entre ellos Sotomayor, de desestimar la demanda de los bomberos. En su opinión, Cabranes criticó al tribunal que integraba Sotomayor por no haber lidiado "con interrogantes de excepcional importancia planteados en esta apelación", y propuso a los bomberos demandantes elevar el caso "ante la Corte Suprema". Los demandantes así lo hicieron, y la corte falló en favor de ellos.

† Miguel Ángel Estrada Castañeda nació en Honduras, el 25 de septiembre de 1961. Diecisiete años más tarde llegó a Estados Unidos junto con su madre, tras

Después del receso para almorzar, Sotomayor entró a la sala pocos minutos antes de las 2:00 p. m., saludando a las personas que estaban cerca de su puesto. La sesión comenzó sólo con tres senadores presentes: los demócratas Patrick Leahy y Russel Feingold y el republicano Charles Grassley.

En medio de la discusión en torno a derechos de propiedad, sostenida entre la juez hispana y el senador Grassley, un hombre se levantó de su asiento y gritó que Sotomayor era una "asesina de niños" y que el Partido Republicano "ha perdido el voto" de las personas que se oponen al aborto.

Sotomayor se mostró muy seria tras este incidente. Sin embargo, Grassley cambió el ánimo de la sala cuando dijo que "siempre he tenido la habilidad de emocionar a la gente". Eso causó la risa de la nominada y de la sala completa.

Durante su turno, el senador Feingold recordó un discurso de la juez sobre los ataques terroristas de 2001 y recalcó que este incidente "se ha usado para justificar políticas inadecuadas".

"Fue una tragedia horrenda para todas las víctimas", dijo Sotomayor. "Yo estaba en Nueva York y mi hogar —ubicado en Greenwich Village— está localizado cerca del área de las Torres Gemelas".

---

el divorcio de sus padres. Estrada sabía poco inglés al arribar al país, pero con grandes esfuerzos, se graduó *magna cum laude* de la Universidad de Columbia en 1983, y posteriormente, en 1986, obtuvo el título de abogado en la Facultad de Derecho de la Universidad de Harvard, también con las más altas calificaciones. En 1981, el presidente George W. Bush lo nominó como juez de circuito para el Tribunal Federal de Apelaciones del Distrito de Columbia. Senadores demócratas bloquearon su nominación señalando que carecía de toda experiencia en la judicatura, a nivel local, estatal o federal. También cuestionaron sus puntos de vista conservadores. El 4 de septiembre de 2003, veintiocho meses después de su nominación, y convencido de que no sería confirmado, Estrada decidió retirar su nombre de toda ulterior consideración por parte del Senado. Bush nominó en su reemplazo a Thomas B. Griffith. (Wikipedia).

La juez agregó que el tema de la seguridad del país y sus consecuencias es discutido ampliamente por diferentes cortes. "La Constitución protege derechos individuales. Este incidente no cambió mi visión respecto a la Constitución", dijo.

Dos de las sesiones más intensas de la tarde fueron protagonizadas por los senadores republicanos Jon Kyl y Lindsey Graham. Ambos criticaron los discursos enunciados por Sotomayor, y se concentraron en la frase "latina sabia".

"Usted mencionó la influencia que el género, la raza y el origen tienen en la ley. Quizás no somos conscientes de nuestros prejuicios y es bueno saber que los tenemos", le aseguró Kyl.

Sotomayor, por su parte, repitió la explicación dada por la mañana al senador Sessions y enfatizó que al analizar un caso "se aplica la ley a los hechos y no los sentimientos".

Durante su turno, Graham tuvo un estilo un poco más agresivo que sus predecesores e incluso le pidió a la juez que definiera conceptos técnicos relacionados con doctrina legal. También interrumpió de manera constante las respuestas de Sotomayor.

Graham mencionó diversas críticas que han apuntado al "mal temperamento de la nominada en la Corte, abuso de abogados, ataques. ¿Cree que tiene un problema de temperamento?", le preguntó.

"No", respondió la juez. "Yo hago preguntas difíciles. Cuando lo hago les estoy dando una oportunidad a los abogados de explicar sus posturas".

Y luego, dijo: "El proceso de juzgar requiere tener una mente abierta. No llegar a una decisión con prejuicios. Entender las posiciones de las partes, los hechos, antecedentes. La decisión siempre se encuentra en el marco de lo que dice la ley".

Sonia Sotomayor dijo que esperaba que la historia la recordará como una juez justa, una persona bondadosa, que dedicó su vida a servir a su país

Antonieta Cádiz

La Opinión, Los Ángeles, 16 de julio de 2009

WASHINGTON, D.C.—Vestida de fucsia, Sonia Sotomayor entró a la sala 216 del edificio Hart pocos minutos después de las 9:30 de la mañana, para comenzar su cuarto día de audiencias en el Comité Judicial del Senado.

El senador Jon Kyl inició su ronda de preguntas, con un máximo de 20 minutos. En un día en que se espera que comiencen los testimonios —incluyendo el del bombero Frank Ricci— este legislador comenzó su intervención hablando del polémico fallo, revertido recientemente por la Corte Suprema.

"Usted sintió que estaba atada porque existía un precedente de la Corte de Distrito", dijo Kyl. "Ha usado la mitad de mi tiempo y no reconocerá que esto no necesariamente es así", añadió el senador.

"Nosotros reconocimos que había buena fe de parte de la ciudad para actuar", comenzó a explicar la juez, mientras el legislador le recordaba que "nueve jueces de la Corte Suprema" estuvieron en contra de la sentencia de la Corte de Apelaciones del Segundo Circuito —al cual ella pertenecía.

"La juez Ginsberg argumentó que la decisión de la corte debió haber sido confirmada", explicó Sotomayor.

Durante su turno la senadora Dianne Feinstein destacó que el fallo de la Corte Suprema para revertir *Ricci* fue de cinco contra cuatro. Luego se refirió al comentario de "latina sabia" emitido por la juez en uno de sus discursos.

Respecto a esto, Feinstein dijo que quería darle cierto contexto y hablar sobre lo difícil que ha sido para las mujeres, en general, alcanzar igualdad de derechos. "¿Cree que su nominación le da más poder a este grupo?", le preguntó la senadora.

"Mi vida es una inspiración para otros y eso es un sentimiento de responsabilidad extraordinario", señaló Sotomayor.

"Usted es la encarnación de lo mejor de Estados Unidos", replicó Feinstein.

Durante su turno, el senador republicano Lindsey Graham mencionó el caso *Ricci*, una estrategia que al parecer, adoptarán todos los legisladores conservadores el día de hoy, considerando que se espera que el testimonio de Ricci se efectúe esta tarde. Todos los testigos tendrán alrededor de cinco minutos para declarar y luego podrán ser cuestionados por los legisladores.

Graham también mencionó temas como la Segunda Enmienda de la Constitución, que alude al porte de armas para la defensa personal. El senador reconoció que el récord de Sotomayor es moderado, un poco inclinado hacia la izquierda, y que ella ha asegurado ante el comité que "tratará de entender la diferencia entre juzgar y los sentimientos políticos que tiene respecto a ciertos grupos".

El legislador mencionó los discursos de la juez, en especial aquel en que mencionó la frase de "latina sabia". Sotomayor respondió: "Me arrepiento si ofendí a alguien. Mi récord demuestra que eso no es lo que pienso".

"Señora juez, estoy de acuerdo", respondió Graham.

Durante su intervención, la senadora Amy Klobuchar le preguntó a Sotomayor cómo quería ser recordada por la historia. Sotomayor respondió "como una juez justa, una persona bondadosa, que dedicó su vida a servir a su país".

Por su parte el senador republicano John Cornyn tocó temas como el matrimonio homosexual, y le pidió a la juez que enunciara su posición al respecto. Sotomayor respondió que analizaría "cada caso con una mente abierta".

En su ronda de preguntas el senador demócrata Arlen Specter aludió a las "luchas ideológicas que se libran en la Corte Suprema" y le preguntó a Sotomayor si ella tomaría parte en ellas. La juez respondió que no juzgaba "en base a la ideología".

En su segunda intervención, el legislador demócrata Al Franken le preguntó a la juez por qué quería ser juez de la Corte Suprema. Sotomayor respondió con el siguiente relato: "Cuando me avisaron que podría ser considerada por la Corte de Distrito pedí permiso para contarle a mi mamá. Me preguntó si iba a ganar más dinero, si iba a viajar tanto como en ese periodo, dónde iba a vivir, y luego de varias pausas me dijo: '¿Por qué quieres este trabajo?' Omar —esposo de su madre— dijo, "Celina tú conoces a tu hija y su vocación de servicio público".

"Esa siempre ha sido la respuesta", agregó la juez. "No veo un servicio mayor para mi país que ser parte de la Corte Suprema".

Los legisladores republicanos pidieron otra ronda de preguntas, ahora de 10 minutos por cada senador.

El primero en intervenir fue el senador Jeff Sessions, quien cuestionó a Sotomayor respecto al salario que reciben los jueces.

"¿Puede vivir con ese salario?", dijo.

"Lo he hecho durante 17 años. Es muy difícil para muchos jueces; este tema es significativo", respondió la juez.

"Espero que pueda; de otra manera no debería aceptar este trabajo", agregó Sessions.

Durante la jornada matutina resultó claro que el presidente del Comité Judicial, el senador demócrata Patrick Leahy, intentaba terminar las rondas de preguntas de los legisladores antes del descanso del almuerzo.

Durante esta fase se destacó la iniciativa del senador Orrin Hatch, quien planteó una pregunta de uno de sus constituyentes: "¿Piensa que la Corte Suprema es una institución que puede remediar la injusticia social?".

"No, ese no es el rol de la corte", dijo Sotomayor. "Debe interpretar la ley que el Congreso redacta".

Leahy presentó una carta enviada por el ex presidente Bill Clinton, en que apoyó la confirmación de la juez hispana. Clinton dijo que Sotomayor podía hacer "una contribución única al máximo tribunal, considerando su experiencia".

Cerrando la fase de preguntas, el senador republicano Jeff Sessions le dijo a Sotomayor que esperaba que el ciclo de audiencias hubiese sido justo y respetuoso en su opinión. Sotomayor respondió que sí.

Durante su declaración final, antes del almuerzo y de la posterior sesión de preguntas a los testigos invitados, el senador Leahy dijo que "esta audiencia figurará en los libros de las facultades de derecho. Gracias por contestar con inteligencia, paciencia y respeto".

18

LA NATIONAL RIFLE ASSOCIATION CONTRA SOTOMAYOR

"Por primera vez en sus 138 años de historia, la National Rifle Association (Asociación Nacional del Rifle, NRA por sus siglas en inglés) está teniendo en cuenta los votos para una nominada a la Corte Suprema al hacer una evaluación de los senadores. Eso significa que los senadores [...] tendrán que optar entre votar por la primera nominada de origen hispano, o recibir altas calificaciones de la principal organización que defiende los derechos a la posesión de armas, y que se opone a su confirmación. Según explicó Wayne LaPierre, vicepresidente de la NRA, 'Lamentablemente, el récord de la juez Sotomayor en materia judicial y su testimonio claramente demuestran un punto de vista hostil de la Segunda Enmienda y del derecho fundamental a la autodefensa garantizado bajo la Constitución de Estados Unidos' ".

—Editorial de *The Washington Post*,
28 de julio de 2009

AFORTUNADAMENTE, las audiencias de confirmación de Sonia Sotomayor transcurrieron sin detalles morbosos. Para los demócratas, que votaron sólidamente en su favor, Sotomayor era una heroína, aunque con algunos matices cuestionables, especialmente la mención a la "latina sabia" que fue criticada por la senadora Feinstein, y que mereció un amable reproche del presidente Obama*. Para la mayoría de los republicanos, que votaron en su contra —treinta y uno de los cuarenta que inte-

---

* Según indicamos previamente, el presidente Obama señaló que si le hubieran dado a Sotomayor otra posibilidad, la juez hubiera replanteado ese comentario sobre la latina sabia.

gran el Senado— Sotomayor era posiblemente una heroína a nivel personal, pero a nivel profesional era una activista que intentaba imponer una agenda liberal.

En esas circunstancias intervino la National Rifle Association (NRA), una de las más poderosas organizaciones de cabilderos de Estados Unidos*. La NRA, fundada en 1871, tiene entre sus objetivos, la protección de la Segunda Enmienda de la Constitución de Estados Unidos, "el derecho a portar armas", y según su portal de acceso en el Internet, cuenta con aproximadamente cuatro millones de afiliados. Aunque se autoproclama *non-partisan* (al margen de los partidos politicos independientes) tiene fuertes vínculos con el Partido Republicano. En 1980, y por primera vez en su historia, la NRA ofreció su respaldo a un candidato presidencial: el republicano Ronald Reagan, que competía con el presidente demócrata Jimmy Carter. En general, la NRA suele respaldar a candidatos republicanos, pues el Partido Demócrata suele alinearse con sectores que favorecen la imposición de estrictos controles a los poseedores de armas de fuego.

¿Por qué la NRA decidió participar en el debate sobre la nominación de la juez Sonia Sotomayor? Al fin y al cabo, como en la mayoría de sus opiniones, la magistrada siempre se ha ubicado en el sólido centro del espectro político. Y eso también ha ocurrido en el caso de la Segunda Enmienda.

En el curso de las audiencias de confirmación, Sotomayor se negó a decir que el derecho a portar armas era "fundamental", como lo exige la NRA. Sin embargo, añadió Sotomayor, en caso de que el tema se presentase ante un tribunal, ella lo discutiría con una mente abierta.

---

* Hace una década, la revista *Fortune* informó que la NRA era "considerada la organización de cabildeo más poderosa por parte de los legisladores" del Congreso estadounidense "y de sus empleados". (*Fortune,* 15 de noviembre de 1999).

En 2009, mientras servía en el Tribunal de Apelaciones Federal, Sotomayor formó parte de un panel que dictaminó que la Segunda Enmienda no se aplica a nivel estatal o local, sólo a nivel federal*. Y con eso, se limitó a ratificar un precedente de la Corte Suprema del siglo XIX, y posteriores fallos.

No fue ese el criterio de la NRA. Andrew Arulanandam, vocero de la organización, dijo que causaban "gran preocupación" las opiniones de Sotomayor sobre la Segunda Enmienda, pues parecía "hostil" a la posesión de armas de fuego que, según la organización, sólo están destinadas a la autodefensa†.

En esta ocasión, la preocupación de la NRA por el criterio de Sotomayor con relación a la Segunda Enmienda se intensificó gracias a los buenos oficios de líderes republicanos, especialmente el senador de Kentucky Mitch McConnell. Según dijo el Associated Press (AP), McConnell y otros senadores de su partido "ayudaron a torcerle el brazo" a la NRA para que presionara a los senadores en contra de la confirmación de Sotomayor.

---

* El 28 de enero de 2009, el Tribunal de Apelaciones del Segundo Circuito, uno de cuyos integrantes era la juez Sotomayor, analizó el caso *Maloney vs. Cuomo*, señalando que la Segunda Enmienda no puede anular leyes del estado de Nueva York que sancionan la posesión de una amplia gama de armas, entre ellas aquellas usadas en las artes marciales, como los *nunchaku*, o bastones de pelea.

† La Coalition to Stop Gun Violence (coalición para frenar la violencia causada por las armas de fuego) ha denunciado "la retorcida concepción de soberanía popular" que tiene la NRA, cuando afirma que "los ciudadanos necesitan armarse para proteger sus libertades políticas contra las amenazas del gobierno". Si los miembros de la NRA "creen en el derecho a tomar las armas para resistir normas del gobierno que consideran opresivas, inclusive si esas normas han sido adoptadas por funcionarios electos y sometidas al análisis de una judicatura independiente, entonces, se oponen a la democracia constitucional" (CSGV, 13 de mayo de 2005). Y The Brady Campaign to Prevent Gun Violence (La Campaña Brady para evitar la violencia de las armas de fuego) ha denunciado que, como resultado de las tareas de cabildeo de la NRA, los crímenes cometidos con armas de fuego han "subido a un ritmo vertiginoso" y un adolescente "puede comprar un rifle de asalto AK-47 en un salón de exposición de armas sin mostrar un documento de identidad y sin que sea sometido a un chequeo de antecedentes". (BCPGV: "The Gun Industry, the Gun Lobby, and The National Rifle Association". Citado en Wikipedia).

En un principio, la NRA se limitó a cuestionar las credenciales de Sotomayor con relación a la Segunda Enmienda. Pero nada dijo de evaluar a los senadores de acuerdo a su apoyo o rechazo a la nominación de la juez.

Sin embargo, informó la AP, "durante una reunión en la Colina del Capitolio con senadores republicanos y activistas conservadores, McConnell preguntó si el grupo proyectaba 'anotar' los votos de confirmación. La NRA se mostró evasiva".

Y si bien han circulado varias versiones sobre esa reunión, y los asesores de McConnell negaron que hubiera ejercido presiones para que la votación sobre la nominación de Sotomayor fuera evaluada, "otros presentes en la reunión, o que fueron informados posteriormente, dijeron que resultaba claro que McConnell y otros líderes deseaban que la NRA hiciera un conteo de los votos"[1].

Por suerte, en esta ocasión, la NRA no se salió con la suya. Ningún senador demócrata hizo caso a la amenaza de esa organización. Y nueve senadores republicanos dieron su apoyo a Sotomayor. Eso, en un momento en que hay signos de que los grupos de "autodefensa" están pasando a una ominosa ofensiva.

La derecha lunática al ataque

En realidad, una de las razones más poderosas que debía existir para confirmar a la juez Sonia Sotomayor sería sus reservas respecto al derecho a portar armas. Pues Estados Unidos vive momentos muy especiales, que requieren, más que nunca, de personas sensatas. Por la época de las audiencias de confirmación de la juez, hombres armados habían aparecido en actos en que el presidente Barack Obama intentaba promocionar su reforma del programa de salud pública.

A ello se añaden estos episodios:

- En Pittsburgh, Pensilvania, un supremacista blanco mató a tres policías que habían sido llamados a su vivienda debido a una disputa doméstica. El supremacista blanco estaba furioso porque circulaban rumores de que Obama se proponía prohibir la venta de armas de asalto.
- En un ataque contra el Museo del Holocausto, en Washington, ocurrido el 11 de junio de 2009, James W. von Brunn, un supremacista blanco de ochenta y ocho años, asesinó a un guardia de seguridad.
- El 31 de mayo de 2009, George R. Tiller, un médico que practicaba abortos en Wichita, Kansas, fue asesinado por Scott Roeder. Aunque todas las organizaciones pro-vida repudiaron el asesinato de Tiller, lo cierto es que durante décadas libraron una despiadada campaña contra el médico. Y esa campaña dejó marcas indelebles en Roeder y en otras personas con ideologías similares.

Todos esos actos "parecen ser sólo el comienzo de una ofensiva", y es "como si lo peor todavía no hubiese llegado", escribió el columnista Bob Hebert en *The New York Times*. Hebert señaló que ese tipo de ataques han sido alentados por la inflamada retórica de la National Rifle Association, uno de los grupos de presión más poderosos y peligrosos que existen en Estados Unidos. La NRA, que defiende el derecho a portar armas por estar consagrado en la Constitución ("enshrined in the Constitution") ha librado una despiadada campaña "tratando de machacar el falaz argumento de que Barack Obama proyecta quitarle las armas a la gente", dijo Hebert. (*The New York Times*, 20 de junio de 2009).

En medio de este clima en ebullición es bueno contar en la Corte Suprema con personas que tienen la prudencia de Sotomayor.

Sonia Sotomayor bajo fuego republicano

Senadores dicen dudar de sus respuestas; sigue el apoyo demócrata

Antonieta Cádiz

La Opinión, Los Ángeles, 16 de julio de 2009

WASHINGTON, D.C.—Tras haber concluido su tercer día de audiencias, Sonia Sotomayor aún no parece haber convencido a las caras más duras y visibles del Partido Republicano en el Comité Judicial del Senado. Sin embargo, varios analistas coinciden en que su confirmación seguirá un curso rápido, con los votos demócratas, más algunos provenientes de la coalición conservadora.

Durante el tercer día de sesiones, algunos senadores republicanos salieron de la sala 216 del edificio Hart para hablar con la prensa y reiterar enfáticos sus dudas respecto a la candidata del presidente Barack Obama.

"Sus respuestas no están más claras si las comparamos con el primer día que comenzaron las preguntas. Los estadounidenses merecen saber. Me preocupa especialmente su postura frente a la Segunda Enmienda", explicó el senador Jeff Sessions.

"Hemos tratado de conciliar los discursos de Sotomayor con su récord judicial. Como miembro de la Corte Suprema tendrá mucha libertad y por supuesto que nos preocupan las posturas que adopte. Será muy complicado si ella sigue sus discursos", señaló el senador John Cornyn.

"Sotomayor todavía parece una activista clásica, como lo mencionó un artículo de *The Wall Street Journal*. No creo que su testimonio tenga la consistencia que tuvo Alito y Roberts", agregó Sessions.

Por otra parte, los senadores demócratas Patrick Leahy y Benjamin Cardin destacaron el buen desempeño de Sotomayor y la agudeza y precisión con la que ha respondido a las preguntas más complejas planteadas por los legisladores.

Es probable que el ambiente se complique un poco hoy para la juez, considerando que tras el término de la segunda ronda de preguntas de los legisladores comenzarán los testimonios de los testigos, donde figura Frank Ricci, el demandante del famoso caso *Ricci vs. DeStefano*.

El fallo de la Corte de Apelaciones del Segundo Circuito —integrada antes por Sotomayor— en relación con este caso, fue revertido hace cerca de dos semanas por la Corte Suprema, siendo la primera vez en la historia de los procesos de confirmación para el máximo tribunal en que un nominado experimenta una situación similar.

A pesar de las posibles repercusiones de la presencia de Ricci en la audiencia, diversos expertos en el tema de la Corte Suprema y confirmaciones en el Senado coincidieron en que la juez ha tenido éxito y que es probable que sea confirmada sin problemas.

"Está haciendo precisamente lo que se necesita en este tipo de encuentros. Responder a las preguntas sin prejuzgar temas que pueden ser vistos en la Corte. Es una línea muy fina y ella lo ha hecho muy bien, tanto cuando fue cuestionada por demócratas como por republicanos", explicó a *La Opinión* Tom Korologos, ex embajador de Estados Unidos en Bélgica, quien ha ayudado a preparar a varios nominados al máximo tribunal.

"Los republicanos están tratando de determinar su posición en varios temas y viendo qué tipo de decisiones tendrá en la corte. Deben ser cuidadosos de no ofender al grupo de votantes hispanos y es por eso que han sido respetuosos y deferentes", agregó.

"Será difícil para los republicanos votar en contra de la primera candidata latina a la Corte Suprema; por lo tanto, creo que el nominado que venga después de ella sufrirá la misma suerte que experimentó Alito tras Roberts", explicó Tom Goldstein, fundador de Goldstein & Howe, una firma de abogados que se especializa en litigios en la Corte Suprema.

Durante el día, el público circuló constantemente por la sala, al igual que los invitados a la sesión. Entre ellos ha habido varios puertorriqueños, como la señora Norma Rodríguez, quien recibió una invitación a la audiencia por parte de la oficina del senador Christopher Dodd.

"Me siento muy orgullosa y feliz de estar viviendo este momento histórico. Vine con mis sobrinos, para que ellos vean cómo funciona este proceso", dijo a *La Opinión*.

"Cuando yo era pequeña casi no había hispanos en este país y realmente no te sentías orgullosa de pertenecer a este grupo. Pero con el tiempo hemos visto ascender a los latinos y la juez es un ejemplo de eso", concluyó.

Dura jornada

Sonriente y vestida de negro, la juez entró en la sala 216 del edificio Hart, saludando a su familia y conocidos, cerca de las 9:30 de la mañana.

Entre los asistentes estaba un grupo de bomberos, además de Frank Ricci, el demandante del caso *Ricci vs. DeStefano*, cuya sentencia fue revertida por la Corte Suprema antes de entrar en receso.

Durante su turno, el senador republicano John Cornyn preguntó nuevamente a la juez por sus declaraciones en el discurso donde mencionó la frase "latina sabia".

"En esa alocución estaba usando las palabras de la juez O'Connor como plataforma. Mis expresiones no tuvieron sentido, si son entendidas como: sólo los latinos llegan a buenas decisiones. Mi retórica no puede ser leída literalmente; tiene que ser comprendida en el marco del contexto en el que estaba", respondió la juez.

"Es claro por la atención que tuvieron mis palabras, que fallaron, no funcionaron. El mensaje que trató de dar el discurso sigue en pie. Creo que las experiencias de vida en general ayudan a escuchar y a entender", agregó.

Luego el senador Cornyn se refirió a la postura de Sotomayor respecto al aborto y le preguntó si el presidente alguna vez había hablado de este tema con ella. Ante la respuesta negativa de la juez, Cornyn mencionó el mensaje de la Casa Blanca, citado en un artículo del diario *The Washington Post*, en que el gobierno aseguraba a grupos enemigos del aborto que "no tenían que preocuparse por Sotomayor".

"No tienen (que preocuparse), porque yo sigo la ley en todos los casos que enfrento", aseveró la juez.

A lo largo del día, Sotomayor continuó respondiendo a los senadores del Comité Judicial.

Por otra parte, el senador demócrata Sheldon Whitehouse expresó "el enorme orgullo" que sentía por la presencia de la juez en la sala y dijo en español que se le ponía "la piel de gallina".

Luego, Whitehouse le pidió a la juez que prometiera no tener prejuicios, que respetara al Congreso y que decidiera en base a la ley. Sotomayor respondió: "Lo haré, es el juramento que tomé en mis cargos anteriores y el que tomaré si me convierto en juez de la Corte Suprema".

Tras un receso de una hora, la audiencia se reanudó a las dos de la tarde, donde le tocó el turno a los últimos dos senadores del Comité Judicial para concluir la primera ronda de preguntas.

El legislador demócrata Arlen Specter (antes republicano) dijo que Sotomayor "estaba haciendo un excelente trabajo".

A su vez, le preguntó, entre otras cosas, su opinión acerca de incorporar cámaras en las cortes. La juez repitió la respuesta que había dado el martes frente a la misma pregunta. Dijo que había tenido buenas experiencias haciendo eso, pero que lo consultaría con sus colegas.

Al final le tocó el turno al miembro más nuevo de la Cámara Alta, el senador demócrata Al Franken, quien se refirió a las comunicaciones y desregulación de los servicios para acceso al Internet, además de pedirle a la juez que definiera el concepto "activismo judicial".

"No uso ese término. No describo el trabajo de los jueces en esa forma. Cada uno de nosotros debe interpretar la ley de acuerdo con principios legales", respondió Sotomayor.

Luego, los legisladores efectuaron una reunión privada con la juez para analizar su expediente del FBI. La reunión duró cerca de 30 minutos. Tras esto se inició la segunda ronda de preguntas.

Durante su intervención, el senador Sessions se refirió a la definición del senador Hatch respecto al activismo judicial, diciendo que es la situación en la "que un juez permite que su visión personal o política interfiera con el ejercicio de la ley".

"Le quiero dar completa seguridad de que estoy de acuerdo con la definición del senador Hatch", aseguró Sotomayor.

Poco antes de que finalizara la jornada, el senador Charles Grassley le preguntó a la juez por su postura en relación con el matrimonio gay. Sotomayor respondió que es un tema pendiente en muchas cortes y que por lo tanto no se podía pronunciar al respecto.

Es difícil ser magnánimo

Dolores Prida

El Diario La Prensa, Nueva York, 16 de julio de 2009

QUISIERA SER MAGNÁNIMA, pero no puedo, así que pido excusas de antemano. La razón es que todavía no me he recuperado del ataque de temperamento latino que sufrí el martes viendo la audiencia del Comité Judicial del Senado que evalúa la confirmación de la juez Sonia Sotomayor para la Corte Suprema.

La bilirrubina comenzó a elevarse cuando le llegó el turno a Jeff Sessions, senador de Alabama, y se desbordó horas más tarde cuando casi al final de la jornada Lindsey Graham, de Carolina del Sur, con los colmillos afilados, encendió todas las mechas a su disposición para que la juez explotara en un arranque de ira.

El espectáculo de un grupo de senadores sureños blancos, expresándose con fuerte acento regional y en un lenguaje combativo arropado en condescendencia, tratando de caracterizar a una latina como racista y con prejuicios fue más que patético. Fue el colmo de la hipocresía y una manifestación preocupante del futuro de la nación.

Estos senadores representan estados que tienen la deshonrosa distinción de haber utilizado la esclavitud, la segregación y el prejuicio racial como arma política y económica desde la fundación de los Estados Unidos de América hace 233 años hasta hace sólo unas cuatro décadas.

Estos senadores representan estados que quisieron

desmembrar esta nación y la empujaron a una sangrienta guerra civil porque se oponían a la emancipación de los esclavos promulgada por el presidente Lincoln en 1860.

Estos senadores representan estados donde todavía el Ku Klux Klan se pasea bajo capuchas y sábanas blancas, y donde muchos habitantes se rehusan aceptar que perdieron la guerra civil y todavía despliegan la bandera de la Confederación en sus casas y en sus camionetas.

Estos senadores representan estados que hace sólo unas décadas, durante el Movimiento de Derechos Civiles, se resistieron a la integración escolar echándoles perros feroces encima a los estudiantes, poniendo bombas en iglesias afroamericanas y asesinando jóvenes voluntarios —blancos y negros— que trataban de inscribir a la población negra para votar.

Perdonen si no puedo olvidar la historia. Fui parte de ella. Nunca olvido que en 1963, durante un viaje en auto a la Florida, mis tíos y yo paramos en un restaurante al lado de la carretera y por primera vez vi un bebedero de agua para los negros y otro para los blancos. Era muy jovencita y me asustó la posibilidad de beber de la fuente equivocada. A pesar de la sed, me olvidé del agua y decidí comprar una soda en la máquina que no tenía letreros segregacionistas.

El Partido Republicano tiene que confrontar y evaluar su futuro, pues está en peligro mortal de quedarse como refugio de los blancos superconservadores en una región del país que no tolera la diversidad racial y cultural de los Estados Unidos del siglo XXI y ahora se consideran una minoría victimizada.

La juez se portó como una campeona, *cool* y racional en todo momento, y eso fue lo que evitó que mi erupción temperamental no se convirtiera en un ataque de nervios total.

Llegan a su fin las audiencias de confirmación; testimonio de Ricci marca la última jornada

Antonieta Cádiz,
La Opinión, Los Ángeles, 17 de julio de 2009

WASHINGTON, D.C.—El cuarto y último día de audiencias fue ciertamente el que presentó una mayor complejidad para la juez Sonia Sotomayor, quien aspira a recibir los votos para convertirse en la primera latina en la Corte Suprema de Estados Unidos.

Los interrogantes fueron más agudos, los temas polémicos se repitieron incansablemente y el testimonio del bombero Frank Ricci coronó la jornada. Sin embargo, la primera parte del proceso está cerrada.

Es justo decir que el caso *Ricci* fue el tema del día en la cuarta sesión del Comité Judicial del Senado. La mayoría de los legisladores republicanos mencionó el caso e incluso algunos interpretaron el fallo de la Corte Suprema —que revirtió la sentencia de la Corte de Apelaciones del Segundo Circuito—, diciendo que "los nueve jueces del máximo tribunal se oponían a la sentencia".

La afirmación fue cuestionada por senadores demócratas, pues el fallo de la Corte Suprema fue de cinco contra cuatro.

La sesión incluyó el testimonio del bombero Frank Ricci, quien dijo que "había sido un padre y marido ausente durante meses", por prepararse para el examen exigido por la ciudad de New Haven, en el estado de Connecticut, para determinar ascensos.

Este testimonio fue acompañado por el del puertorriqueño Ben Vargas, quien incluso señaló que en su comunidad lo habían acusado de "desleal" por haberse unido a la demanda *Ricci vs. DeStefano*.

Sin embargo, cuando fueron cuestionados por el senador demócrata Arlen Specter, respecto a si "tenían cualquier razón para pensar que Sotomayor actuó con base en alguna razón que no fuera buena fe", ambos dijeron que "simplemente aceptaron la invitación del Senado para contar por primera vez su historia y que no estaban en posición de responder a esa pregunta".

Jimmie Reyna, abogado y socio de Williams and Mullen y ex presidente de la Asociación Nacional de Abogados Hispanos, dijo a *La Opinión* que "con el testimonio del bombero Ricci se le pone un rostro a los hechos fríos que se han discutido en la audiencia y eso tiene un efecto muy grande, sobre todo para el público en general".

Por otra parte, varios senadores efectuaron una revisión insistente de los discursos de la juez hispana, del ya conocido comentario que hizo sobre ser "una latina sabia" y de áreas como consulta de leyes extranjeras, Segunda Enmienda, matrimonio homosexual y aborto, profundizando los cuestionamientos planteados en los días anteriores.

Es por eso que cuando el legislador Patrick Leahy anunció el término de las preguntas, las sonrisas y abrazos de los familiares y amigos de Sotomayor no tardaron en llegar.

Y es que se cerró un paso importante, sin que Sotomayor sufriera una crisis, recordando lo que dijo el senador republicano Lindsey Graham el primer día de audiencias: "A menos que experimente una seria desestabilización, será confirmada".

"La sesión fue extraordinaria. Éste ha sido un proceso elegante y con rectitud; es un reflejo de cómo es ella. Es increíble. Yo todavía estoy tratando de controlarme, lo que quiero es llorar, por fin terminó", dijo a *La Opinión* Mari Carmen Aponte, consultora y abogada, que es allegada a la familia Sotomayor.

"No la derrotaron; los que se oponen a su confirmación no la quebraron y no encontraron otros factores que puedan afectar este proceso", agregó Reyna.

No obstante, varios senadores republicanos, encabezados por Jeff Sessions, dijeron que aún no tenían claro cómo iban a votar y que todavía había dudas respecto al futuro desempeño de Sotomayor. De hecho, ningún conservador informó cómo votaría.

Los medios de comunicación presentes en la audiencia han especulado respecto a la posibilidad de que dos senadores republicanos del Comité Judicial voten a favor de Sotomayor, una opinión que comparten expertos familiarizados con este tipo de procedimientos.

En una entrevista con *La Opinión*, el primer funcionario jurídico de la juez, Xavier Romeu, quien actualmente se desempeña como abogado de la Bolsa de Valores, coincidió con esta perspectiva.

"Tengo experiencia en este tipo de procesos. Cuando la juez pasó por su confirmación en 1997 y 1998, le tomó dos años. Conozco a muchos de los republicanos y entiendo que mirando detenidamente el lado conservador podríamos contar con dos votos, pero también podrían ser más", dijo.

Aunque las preguntas han terminado, el trabajo de Sonia Sotomayor para ser confirmada en la Corte Suprema aún no concluye. Ahora se abre un período en que los legisladores que lo deseen pueden mandar preguntas por escrito, que la juez deberá responder.

19

LOS REPUBLICANOS Y EL RECHAZO A SOTOMAYOR

LOS SENADORES DEL PARTIDO OPOSITOR tuvieron que transitar una senda difícil, pues los hispanos son ya la primera minoría de Estados Unidos, y su voto puede decidir una elección.

Un ejemplo de las dificultades que enfrentaron los republicanos a la hora de emitir su voto fue el del senador y ex candidato presidencial republicano John McCain. Al anunciar su repudio a la nominación de Sotomayor, el senador de Arizona exaltó las virtudes de la juez y al mismo tiempo negó que esas virtudes fueran suficientes para que ocupara un cargo en la Corte Suprema.

McCain, al igual que muchos otros políticos establecidos, sabe cómo trabajar los dos lados del pasillo. Y eso ya lo ha hecho en innumerables ocasiones. Puede tratarse de la inmigración ilegal, de la guerra en Irak, de los planes del seguro social, de los "interrogatorios duros" a prisioneros en Guantánamo o en cárceles secretas de la CIA, o de la economía. Eso se conoce en la jerga política como "el toque

Nixon". Según dijo Norman Mailer en *Miami and the Siege of Chicago*, el toque Nixon consiste en masajear un tema de tal manera que nadie salga descontento. Mailer decía que si por ejemplo había una reunión conjunta de la liga de moralidad y de la asociación de rufianes, la fraseología de Nixon sería la siguiente: "Aunque el proxenetismo es una perversión que la ley castiga, y una intolerable ofensa a la moral, vale la pena recordar que para ciertos seres necesitados es una forma como cualquier otra de ganarse la vida".

En un comunicado difundido el 3 de agosto de 2009, tres días antes de la votación, McCain dijo que Sotomayor "cuenta con los antecedentes profesionales y con las calificaciones que se esperan en un nominado a la Corte Suprema", y su historia personal "es inspiradora y convincente".

Pero —y aquí el toque Nixon— un "excelente curriculum vitae y una historia personal que sirve de inspiración no son suficientes" para conseguir un cargo en la Corte Suprema, añadió McCain. Y para demostrar que su voto no era antihispano, McCain se apresuró a recordar el caso de Miguel Estrada, un juez conservador cuya nominación a un cargo en el Tribunal de Circuito de Washington, D.C., fue torpedeada por los demócratas. Muchos republicanos consideraban que la nominación de Estrada para el Tribunal de Circuito era el trampolín para su eventual designación en la Corte Suprema.

Hubo asombro ante la decisión de McCain, quien enfrenta la reelección en Arizona, un estado donde el voto hispano es decisivo. Pero, como recordó el blog RealClearPolitics, antes de las elecciones, McCain debe enfrentar unas primarias en las cuales podría descarrilar su candidatura frente a la de Chris Simcox, quien está aproximadamente a la derecha del Ku Klux Klan, una organización de supremacistas blancos encapuchados. Simcox es cofundador de los Minutemen, esa organización que se dedica a perseguir a inmigrantes ilegales con propósitos non sanctos*.

Si McCain hubiera votado por Sotomayor, Simcox tendría un poderoso argumento para combatir su candidatura. Pero, al votar en contra de la juez, puede asociarse con aquellos que intentan poner freno a la inmigración ilegal. Y si bien el argumento está traído totalmente por los cabellos, pues ¿de qué manera la juez Sotomayor, una ciudadana estadounidense debido a su condición de puertorriqueña, puede ser confundida con una hispana indocumentada? El estereotipo funciona, y cuando a la derecha republicana le conviene, todos los gatos son pardos. Y además, McCain podría obtener un beneficio político de su postura. Él calcula que muchos hispanos votarán en su favor en las primarias. De lo contrario, es la tesis, esos hispanos podrían abrir el camino a Simcox. El voto de McCain contra Sotomayor, por lo tanto, sería una forma de conseguir su reelección y seguir siendo, frente a los hispanos, "el mal menor", frente a ese "mal mayor" represen tado por Simcox.

---

* En su documental *USA Under Attack,* el cineasta Nikolaj Vijborg recoge estas declaraciones de Simcox: "Esas personas que cruzan la frontera e invaden este país deben ser tratadas como enemigas del estado. [...] En mi opinión personal, deben ser baleadas sin previo aviso".

Republicanos prevén confirmación de Sotomayor

J. Hirschfeld Davis y M. Sherman,
Associated Press, artículo aparecido en *La Opinión*,
Los Ángeles, 16 de julio de 2009

WASHINGTON, D.C.—Los republicanos allanaron el camino el jueves para una votación en el Senado, el mes entrante, sobre la confirmación de la candidata a la Corte Suprema Sonia Sotomayor, colocándola firmemente en línea para convertirse en la primera magistrada hispana.

"Espero que usted reciba ese voto antes de que entremos en receso en agosto", indicó el senador de Alabama, Jeff Sessions, el republicano de mayor jerarquía en el Comité Jurídico del Senado, antes de que Sotomayor concluyera cuatro días de testimonio ante la comisión.

De ser confirmada, Sotomayor será la primera magistrada designada por un presidente demócrata en 15 años, y un legislador le exhortó a que haga uso de capacidad para enfrentar al ala conservadora del tribunal en los próximos años.

El senador Arlen Specter le dijo, "Usted ha sido una testigo sobresaliente", y le habló como si le ofreciera un mensaje a un futuro juez de la Corte Suprema.

"Tengo la esperanza de que […] usará algunas de esas características de su experiencia en las cortes para defender las ideas en que cree", destacó Specter, un republicano convertido en demócrata.

Sessions afirmó que no respaldaría ningún esfuerzo

para bloquear un voto de confirmación y dijo que creía que ningún otro republicano lo haría.

Sotomayor, de 55 años, cuenta con un abrumador apoyo, y muy probablemente unanimidad entre los 60 demócratas del Senado.

En su discurso de apertura de las sesiones de confirmación el lunes, la juez se comprometió a cumplir fielmente "la imparcialidad de nuestro sistema de justicia", una posición que mantuvo mientras respondía y evitaba asuntos controversiales tales como el aborto y la posesión de armas.

Con su confirmación casi asegurada, el senador demócrata Patrick Leahy, presidente de la comisión, dijo que convocaría a la votación para la semana entrante. Observó que los republicanos tienen derecho a posponerla una semana.

Sotomayor recibió elogios de republicanos y demócratas por igual.

El veterano procurador general de Nueva York, Robert Morgenthau, elogió a Sotomayor, una de sus ex asistentes, como alguien que puede ser un miembro "sobresaliente" de la Corte Suprema.

Morgenthau dijo el jueves al Comité Jurídico del Senado que, como ayudante del fiscal, Sotomayor comprendía la importancia que tenía todo caso penal para la víctima. Dijo que ella ganó reputación como alguien que no se deja llevar por delante, ni por jueces ni por abogados.

Agregó que Sotomayor sería el único miembro del tribunal superior con experiencia en juzgar casos penales en tribunales estatales.

Morgenthau dijo que Sotomayor estaba "calificada de manera singular" para la Corte Suprema por "su intelecto, experiencia y adhesión al estado de derecho".

El senador republicano Lindsey Graham dijo que sus decisiones como juez correspondían "generalmente con la tendencia principal" de la opinión pública. Anteriormente, Graham había dicho que podría votar a favor de la confirmación y que Sotomayor no era una "activista", un término despectivo aplicado a los jueces que intentan torcer las leyes con sus fallos.

Otro republicano, John Cornyn, senador de Texas, también consideró que los fallos de Sotomayor son "generalmente acordes con la tendencia principal", aunque dijo que sus protestas de imparcialidad en las audiencias no se armonizaban con declaraciones anteriores.

"Usted parece ser una persona distinta en sus discursos y en algunas de sus declaraciones ante la comisión del Senado", dijo Cornyn.

Más tarde, declaró el bombero Frank Ricci de New Haven, Conecticut, testigo clave de uno de los casos más controversiales sobre una presunta discriminación de blancos, que ha sido usado por los conservadores que se oponen a la juez Sotomayor.

La candidata ha sido criticada por desechar los alegatos de los bomberos sin convocar a una audiencia. Estos trataban de obtener ascensos que según dijeron aprobaron en un examen que fue declarado inválido por las autoridades porque era desfavorable para las minorías.

Ricci dijo al panel senatorial que, en su trabajo, el progreso debe decidirse sólo por el talento y la capacidad. Figuró entre un grupo de bomberos de New Haven a quienes se negó el ascenso.

Sotomayor y otros miembros de una Corte de Apelaciones dieron la razón a la municipalidad en el caso, pero la Corte Suprema Federal revocó recientemente ese fallo.

Ricci dijo que los estadounidenses tienen el derecho de que los casos se decidan en base a la Constitución y a las leyes, y no en base a "la política y los sentimientos personales".

Sotomayor ha dicho que tomó la decisión en ese caso apoyada en algunos antecedentes.

20

SOTOMAYOR CONFIRMADA

AUNQUE LA VOTACIÓN que confirmó a Sonia Sotomayor para un cargo en la Corte Suprema —68 votos a favor y 31 votos en contra— fue en buena parte en bloque, hubo algunos elementos sugestivos. En tanto los demócratas consiguieron una sólida mayoría que muy difícilmente se repita, el bloque republicano mostró grietas. Nueve senadores republicanos, del ala que se presume moderada, sumaron su apoyo a Sotomayor. Y eso es muy importante, teniendo en cuenta las presiones del ala derechista de los republicanos, y sus poderosos amigos de la National Rifle Association, que prometió sancionar a políticos que apoyasen a Sotomayor golpéandolos allí donde más les duele, en el bolsillo.

Tal vez el momento en que el acto adquirió tonos más solemnes fue cuando el senador Robert C. Byrd, entonces de noventa y un años, demócrata de West Virginia, quien se halla muy enfermo, se presentó en el recinto en silla de ruedas, y alzó su mano para dar su voto a Sonia Sotomayor. Byrd, quien ha sido una de las escasas voces demócratas en la Cámara Alta —junto con el senador Edward Kennedy— en cuestionar la invasión a Irak desde el primer día, sufriendo no sólo el vilipendio de los republicanos, sino también los desaires de algunos de sus colegas demócratas, ha debido cancelar muchas presentaciones públicas debido a su enfermedad. Pero para él era una cuestión de honor ofrecer su respaldo a Sonia Sotomayor.

Finalmente, demócratas y republicanos se atuvieron a sus principales puntos de vista. Los demócratas exaltaron los humildes orígenes de Sotomayor, su excelente desempeño en las universidades de Princeton y Yale, su actuación como fiscal y abogada de una firma privada, y sus diecisiete años en la magistratura, primero como juez de distrito, y luego en el Tribunal Federal de Apelaciones. Y especialmente, cuan moderada es, y cómo se encuentra al centro del espectro político.

"La carrera y el récord judicial de la juez Sotomayor demuestran que siempre acató el imperio de la ley", declaró el senador demócrata Patrick J. Leahy, presidente del Comité Judicial del Senado. "Los intentos de distorsionar su récord al sugerir que su etnicidad o su herencia propulsarán sus decisiones como juez de la Corte Suprema son degradantes para todas las mujeres y todas las comunidades minoritarias"[1].

A eso respondió Mitch McConnell, líder de los republicanos en la Cámara Alta con estas palabras: "La juez Sotomayor es ciertamente una persona brillante, con una historia digna de admiración y antecedentes distinguidos. Pero un juez debe ser capaz de abandonar su agenda política y personal a las puertas del tribunal y administrar la justicia de manera imparcial, tal como lo requiere el juramento judicial. Se trata del test más importante. Y es un test que la juez Sotomayor no ha aprobado". Es el mismo McConnell quien nunca abandonó su agenda política y personal a las puertas de una sala de conferencias y quien influyó poderosamente en la NRA para que sugiriera sanciones contra quienes estaban dispuestos a votar a favor de Sotomayor.

Muchos expertos se preguntan si la estrategia de los republicanos, exhibida durante las audiencias de confirmación de Sonia Sotomayor, es una nueva forma de eutanasia política cuyo propósito principal es dejar a los demócratas en la Casa Blanca durante los próximos años. La drástica —e inútil— oposición a la primera juez hispana en la Corte Suprema puede redituar escasos dividendos políticos. Ningún partido puede ganar las elecciones si tiene en contra al electorado hispano en California, Texas, Nueva York, Nueva Jersey, Arizona y la Florida. Y grupos de presión política como la NRA, si bien son excelentes a la hora de recaudar fondos de campaña, carecen de suficientes votantes como para alterar los resultados electorales.

Curt Levey, director de la organización conservadora Committee for Justice, reconoció a *The New York Times* que "la votación fue un triunfo de la unidad partidista sobre algunos de los grupos de interés que se esperaba desempeñaran un papel más importante". Y como en el caso del senador McCain, varios senadores republicanos declararon su apasionado cariño por la capacidad, la experiencia, la simpatía y el don de gentes de Sotomayor, y su gran ternura por la población hispana, antes de votar en contra.

Y aunque muchos derechistas republicanos ruegan a Dios que los hispanos sigan mostrando su diversidad ideólogica —después de todo, dicen, los reclamos de un cubano en el exilio tienen poco eco en un indocumentado mexicano o centroamericano, y la ciudadanía estadounidense de los puertorriqueños causa gran resentimiento en muchos hispanos—, en el caso de Sotomayor tal vez eso no funcione. El simbolismo de la primera juez hispana que llega a la Corte Suprema es difícil de soslayar.

Janet Murguía, presidenta del Consejo Nacional de la Raza, destacó el "momento histórico" que representaba la confirmación de Sonia Sotomayor. "Y por lo tanto, se trata de un voto que tendrá importancia en la comunidad latina y será recordado en la comunidad latina", advirtió Murguía.

Lo que significa el nombramiento de Sonia Sotomayor

Rossana Rosado,
directora ejecutiva de *El Diario La Prensa*, Nueva York
edición especial del 8 de agosto de 2009

SOY LATINA en un país que celebra la diversidad pero a veces destruye el espíritu de aquellos que son diferentes.

Soy una americana con raíces profundas y conexión a un país (Puerto Rico) donde nunca he vivido.

Mi realidad hispana creciendo en El Bronx no estuvo siempre consciente de la imagen que mis alrededores proyectaban hacia el mundo. Tuve una niñez extraordinaria a unas 20 cuadras de donde se crió Sonia.

Es verdad que muy pocas personas tienen el récord que tiene Sonia en su profesión, pero muchos compartimos su historia.

Lo que la separa es su determinación indomable para lograr el escaño más alto.

Algunos han dicho que esto es tan grande como la presidencia misma.

Yo creo que convertirse en juez de la Corte Suprema es más difícil que hacer campaña para presidente.

Mientras velaba el voto del senado en televisión ayer, pensé en aquel día de mayo cuando Sonia y su mamá asistieron al almuerzo de mujeres y la juez nos contó sus memorias de cuando observaba a su madre y a sus tías haciendo sofrito los sábados.

Pensé en mis propios padres quienes criaron cuatro niños mientras trabajaban arduamente para pagar una hipoteca que casi no podían pagar, y se retiraron tranquilos sabiendo que nos dieron todo lo mejor que pudieron.

Veo a Sonia y pienso en las niñas que se están criando ahora en El Bronx, y me da esperanza que se vean reflejadas así en el futuro.

Me imagino a Sonia, en el otoño, con su toga de juez y pienso en todas las jóvenes latinas que comienzan la universidad este año y para quien Sonia se ha convertido en *rockstar* (estrella) y sonrío ante las posibilidades que se abren para ellas.

Pienso en las niñas más jóvenes para quienes los logros de Sonia serán comunes.

Para mi hija de 15 años, esa barrera se ha derrumbado y ahora tiene el paso abierto. Y se debe mencionar que el logro de Sonia es el regalo más grande para esa latina sabia que le dio vida, su madre Celina.

Han sido unos siete meses notables durante los cuales me uní a colegas, amigos y líderes políticos para contar la historia de Sonia. Ella está haciendo historia y nosotros hemos tomado un paso gigantesco hacia el avance político.

Quiero señalar y agradecer a la congresista Nydia Velázquez por su liderazgo en este esfuerzo desde bien temprano en el proceso. Ella se lanzó sola y con convicción convenció a sus colegas en Washington.

Mientras que disfrutamos esta victoria también me pongo a contemplar el campo del liderazgo. Nydia hizo algo poco usual para oficiales electos. Hizo algo sin interés propio, no para su ganancia pero para el bien de todos los americanos.

Pero además de Nydia, durante estos meses también hemos desarrollado un movimiento impresionante de profesionales latinos en todo el país que diseñaron la página en Facebook, manejaron las respuestas a las críticas y organizaron una lista de gente preparada para presentaciones en televisión y radio por todo el país.

El nombramiento de Sonia a la Corte Suprema de Estados Unidos no es el final de un proceso, es el comienzo de una nueva era de crecimiento para nosotros como comunidad.

Hemos demostrado que podemos preparar a los nuestros, que estamos listos para servir, y que fieles a nuestra herencia, no somos menos americanos ni menos preparados para sentarnos en los más altos niveles del poder de esta sociedad.

¿QUÉ INFLUENCIA TENDRÁ UNA LATINA SABIA EN LA CORTE SUPREMA?

EL 17 DE AGOSTO DE 2009, poco después de juramentarse en el cargo, Sonia Sotomayor tuvo la ocasión de emitir su primer voto en la Corte Suprema. Sotomayor discrepó con la decisión de permitir que continuaran los procedimientos contra Jason Getsy, sentenciado a la pena capital. El condenado fue ejecutado el 18 de agosto con una inyección letal en la prisión de Lucasville, Ohio[1].

En su oposición Sotomayor se asoció con tres miembros del ala liberal de la Corte Suprema, los jueces John Paul Stevens, Ruth Bader Ginsburg y Stephen G. Breyer. Quienes discreparon con el voto de la mayoría se limitaron a decir que hubieran otorgado al señor Getsy la posibilidad de presentar una solicitud para que fuera suspendida la ejecución.

Sin embargo, la votación fue importante porque, dijo *The New York Times*, "La alineación de los jueces en el caso Getsy ofreció un indicio preliminar de que [...] la fractura ideológica en el tribunal no fue alterada por el hecho de que la juez Sotomayor reemplazara al juez David H. Souter, quien con frecuencia votaba junto con los jueces Stevens, Ginsburg y Breyer".

Una pregunta que muchos se formulan es ¿cómo hubiera reaccionado Sonia Sotomayor de haber integrado la Corte Suprema en 2000, cuando su mayoría falló (y de manera espectacular) que George W. Bush, perdedor frente al candidato presidencial demócrata Al Gore en la votación popular, había en realidad triunfado en las elecciones. La Corte Suprema consagró de esa manera, por cinco votos contra cuatro, a un candidato presidencial que obtuvo menos sufragios que su rival en las mesas electorales de Estados Unidos. Y es posible que para Sonia Sotomayor hayan resonado las palabras del magistrado de la Corte Suprema John Paul Stevens, quien criticó la decisión de los cinco jueces que ordenaron suspender el recuento de votos en la Florida.

Al expresar su discrepancia con la decisión de la mayoría conservadora, el juez Stevens acusó a sus colegas conservadores de demostrar "una tácita falta de confianza en la imparcialidad y en la capacidad de los jueces estatales que podrían haber adoptado decisiones de fundamental importancia si hubiera continuado el conteo de los votos".

En su crítica a los jueces que fallaron en favor de Bush, el juez Stevens señaló: "El respaldo de esa posición por parte de la mayoría de este tribunal sólo sirve para dar crédito a la más cínica evaluación de la tarea de los jueces a través del país. La verdadera columna vertebral del imperio de la ley es la confianza en los hombres y en las mujeres que administran el sistema judicial. Algún día, el tiempo sanará la herida que ha sido infligida a la confianza pública a raíz de la decisión de hoy. Sin embargo, una cosa es cierta: aunque nunca podremos saber con total certidumbre la identidad del ganador de las elecciones presidenciales de este año, la identidad del perdedor es perfectamente clara. Es la confianza de la nación en el juez como guardián imparcial de la ley".

Nunca podremos saber con total certidumbre en favor de quién hubiera fallado Sonia Sotomayor en caso de haber sido una de los jueces de la Corte Suprema que en 2000 decidió las elecciones presidenciales. Pero en su discurso de 2001 hizo numerosas alusiones a la necesidad de que otras voces fueran escuchadas en la Corte Suprema, pues, inclusive "hombres sabios como Oliver Wendell Holmes y el juez Cardozo votaron en casos que confirmaron la discriminación tanto de sexo como de raza en nuestra sociedad". Por otra parte, indicó, hasta 1972, "ningún caso presentado ante la Corte Suprema respaldó la demanda de una mujer en un caso de discriminación por género".

De todas maneras, revisando los principales casos analizados por Sonia Sotomayor, nadie puede anticipar su trayectoria futura. Y esa es tal vez su mejor cualidad. Sonia Sotomayor considera cada caso como único. Trata de aplicar su imparcialidad, sus conocimientos, y una minuciosa paciencia al estudiar cada detalle. E intenta acatar no sólo la ley, sino el espíritu de la ley.

La juez ha ido progresando con cada año transcurrido. Y adquirió nuevas experiencias. El pasaje de Sotomayor por el Tribunal de Apelaciones del Segundo Circuito ofreció menos flancos a los ataques de los republicanos —si se exceptúa el caso *Ricci vs. DeStefano*— y más oportunidades de crecer en la judicatura, y de mostrar su independencia. Como dijo Richard Lacayo, de la revista *Time,* "El Tribunal de Apelaciones del Segundo Circuito atiende numerosos casos que involucran empresas", pero "no muchos en los que se discuten temas calientes que pueden ser útiles para buenos ataques" de los adversarios políticos. "No han aparecido (muchos casos de) aborto, de pena de muerte, de derechos de los homosexuales [...] en la lista de Sotomayor"[2].

En el Tribunal de Apelaciones del Segundo Circuito, que lidia principalmente con temas financieros y de negocios, "sus opiniones eran impredecibles", dijo *The New York Times*, "y no la ubicaban claramente en un campo favorable o desfavorable al sector empresarial"[3].

Por ejemplo, en 2006, en un caso de derechos de propiedad, Sotomayor confirmó la orden de un municipio para confiscar propiedad privada a fin de desarrollar un área. Pero previamente, en 2002, Sotomayor respaldó los derechos de propiedad en un caso que involucraba vehículos incautados.

En otro caso en 2006, Sotomayor permitió una demanda colectiva contra la empresa de inversiones Merrill Lynch. Algunos abogados de empresas señalaron que eso indicaba la disposición de la juez a aceptar demandas contra grandes corporaciones. Pero también en 2006, y en otro caso contra Merrill Lynch relacionado con valores, Sotomayor votó junto con la mayoría negándose a aceptar la formación de una demanda colectiva.

Andrew J. Pincus, un abogado que ha defendido muchos casos comerciales ante la Corte Suprema, dijo al diario que "es imposible analizar esas decisiones y decir que [...] reflejan claramente un prejuicio preexistente, ya sea para uno u otro sector".

Y si bien Michael Greve, un perito en leyes de la organización conservadora American Enterprise Institute, ubica a Sotomayor "entre los más agresivos jueces de apelaciones cuando se trata de estar en favor del demandante y en contra de una empresa", el récord revela otra cosa. Las opiniones de Sotomayor, dijo Pincus, muestran una tendencia práctica a "examinar cada caso de manera individual", y a acatar los precedentes de su circuito y de la Corte Suprema.

Otra de las características de Sotomayor es su enorme atención por todo aquello que pasa por sus manos. Como Cervantes, lee hasta el más nimio documento que le presentan y sus extensos fallos exploran cada aspecto del caso. Eso ha causado críticas de expertos legales, quienes han indicado que su intensa curiosidad y el reexamen de los hechos en cierta manera exceden el papel tradicional asignado a los jueces de un tribunal de apelaciones[4].

En definitiva, se pueden cuestionar muchos aspectos de la juez Sotomayor. Pero nadie puede negar sus atributos de latina sabia. Y en estos momentos, una latina sabia en la Corte Suprema es una bocanada de aire fresco.

ANEXO I

**Discurso de Barack Obama sobre la nominación
de Sonia Sotomayor, 26 de mayo de 2009**

De las numerosas facultades que nuestra constitución otorga al presidente, pocas son más serias o tienen más consecuencias que la elección de un juez a la Corte Suprema. Los miembros de nuestra corte más alta son nombrados para un cargo vitalicio, y a menudo siguen en su puesto mucho tiempo después de acabado el mandato del presidente que los ha nombrado. A ellos se les encomienda la tarea fundamental de aplicar a algunos de los asuntos más difíciles de nuestro tiempo los principios establecidos hace más de veinte siglos.

Por lo tanto, no he tomado esta decisión a la ligera. La he tomado sólo después de una profunda reflexión y una cuidadosa deliberación.

Y si bien hay muchas cualidades que admiro en jueces en todo el espectro de la filosofía judicial, cualidades que también deseo en la persona que he propuesto, hay unas cuantas que se destacan y que quiero mencionar.

En primer lugar, una mente rigurosa, un dominio del derecho y una capacidad para abordar los problemas primordiales y ofrecer respuestas claras a cuestiones legales complejas.

En segundo lugar, un reconocimiento de los límites de la función judicial y el entendimiento de que la tarea del juez es interpretar la ley, no hacerla; no formular decisiones con una ideología ni un programa particular, sino comprometerse con la justicia imparcial, respetando los precedentes y decidiendo a aplicar fielmente la ley a los hechos de que se trate.

Creo que estas dos cualidades son fundamentales para cualquiera que ocupe un puesto en nuestra corte más importante. Sin embargo, estas cualidades por sí solas no son suficientes. Necesitamos algo más.

Porque como dijo en una ocasión el juez de la Corte Suprema Wendell Holmes, lo que ha dado vida al derecho no ha sido la lógica sino la experiencia. La experiencia puesta a prueba por obstáculos y barreras, por las dificultades y las desgracias. La experiencia que insiste y persiste y que, a la larga, supera los obstáculos. La experiencia que puede dar a una persona un sentido común y un sentido de la compasión, así como una comprensión de cómo funciona el mundo y de cómo vive la gente común y corriente.

Por eso es un ingrediente necesario para el tipo de justicia que necesitamos en la Corte Suprema.

El proceso de revisión y selección de un sucesor del juez Souter ha sido riguroso y exhaustivo, entre otras cosas por las exigencias que el propio juez Souter estableció con su intelecto formidable, su imparcialidad y su integridad.

He consultado con los miembros del Congreso, de ambos lados, incluyendo a todos los miembros del Comité Judicial del Senado. Mi equipo ha tomado contacto con constitucionalistas, con organizaciones de defensa y asociaciones de abogados que representan un abanico de intereses y opiniones.

Quiero agradecer a los miembros de mi gabinete y de la administración que han trabajado con tesón y han dedicado muchas horas de su tiempo a este esfuerzo.

Después de completar este proceso exhaustivo, he decidido

proponer a una mujer magnífica que, en mi opinión, será una gran juez de la Corte Suprema, la juez Sonia Sotomayor, del gran estado de Nueva York.

A lo largo de una brillante carrera que abarca tres décadas, la juez Sotomayor ha trabajado en casi todos los niveles de nuestro sistema judicial, lo cual le ha proporcionado una profunda experiencia y una amplia perspectiva que le serán de inestimable valor en su función de juez de la Corte Suprema.

El hecho de que la juez Sotomayor haya sido nombrada miembro de una corte de distrito de Estados Unidos por un presidente republicano, George H. W. Bush y, por otro lado, haya sido nombrada juez de una corte federal de apelación por un presidente demócrata, Bill Clinton, es una prueba de sus cualidades y calificaciones.

Al asumir su cargo, la juez Sotomayor aportaría más y más variada experiencia en la judicatura que cualquiera de los que actualmente integran la Corte Suprema de Estados Unidos cuando fueron nombrados.

La juez Sotomayor posee títulos de dos de las principales universidades de Estados Unidos. Se ha desempeñado como fiscal de una gran ciudad y como abogada empresarial. También ha ocupado durante seis años el puesto de juez de fondo en el Tribunal de Apelaciones de Estados Unidos, y reemplazaría al juez Souter como el único juez con experiencia como juez de fondo. Esa perspectiva enriquecería los fallos de la corte. Durante los últimos once años, la juez Sotomayor ha sido juez del Tribunal de Apelaciones del Segundo Circuito de Nueva York, una de las cortes más difíciles de todo el país. Como tal, ha dictado fallos sobre todo una gama de asuntos legales y constitucionales, notables por su riguroso razonamiento. Con ello se ha ganado el respeto de sus colegas en la judicatura, la admiración de numerosos abogados que han litigado en su corte y la adoración de los funcionarios, que la consideran su mentora.

Durante su periodo en la corte de apelaciones, tuvo que fallar en más de 450 casos. Un caso en concreto se refería a un asunto de gran interés para muchos ciudadanos de Estados Unidos, entre ellos, yo mismo. Me refiero a la huelga del béisbol de 1994 y 1995.

En una decisión que, según consta, tardó quince minutos en anunciar —una celeridad aplaudida por hinchas en todas partes—, dictó una orden judicial que contribuyó a poner fin a la huelga. Hay quienes dicen que la juez Sotomayor salvó el deporte del béisbol.

Antes de asumir su puesto en la corte de distrito, la juez Sotomayor trabajó para una firma de abogados donde, en su calidad de socia, se centró en complejos litigios comerciales, lo cual le permitió adquirir una perspectiva del funcionamiento de una economía global.

Anteriormente, se desempeñó como fiscal en la Oficina del Fiscal del Distrito de Manhattan, bajo la dirección del legendario Robert Morgenthau, mentor de Sonia Sotomayor en los primeros años, un hombre que todavía pronuncia elogios sobre ella. Allí, Sonia entendió los estragos que el crimen puede causar en las familias y en las comunidades, y lo que se requiere para combatirlo.

La suya es una carrera que le ha dado no sólo una perspectiva general del sistema judicial de Estados Unidos, sino también una comprensión práctica de la función del derecho en la vida cotidiana de los estadounidenses.

Su trayectoria vital es tan impresionante y relevante como sus impecables antecedentes en la justicia. Sonia Sotomayor nació en el South Bronx; se crió en un complejo de viviendas no lejos del Yankee Stadium, lo cual hizo de ella una hincha de los Yankees de toda la vida. Espero que este dato no la descalifique a los ojos de los representantes de Nueva Inglaterra en el Senado.

Los padres de Sonia dejaron Puerto Rico para venir a vivir a Nueva York durante la Segunda Guerra. Su madre pertenece al Women's Army Corps. Y, de hecho, su madre está aquí hoy, y quisiera que todos le demos la bienvenida.

La madre de Sonia está un poco emocionada.

Ella, la madre de Sonia, inició una tradición familiar de devolver a este país lo que el país le había dado.

El padre de Sonia era un obrero industrial que no hablaba inglés y que cursó estudios hasta tercero de primaria.

Sin embargo, al igual que la madre de Sonia, tenía la voluntad para trabajar duro, un sólido sentido de la familia y fe en el sueño americano.

Cuando Sonia tenía nueve años, su padre falleció y su madre tuvo que trabajar seis días a la semana como enfermera para criar a Sonia y a su hermano. Él también está aquí hoy; es médico y ha tenido un gran éxito en su propio campo. La madre de Sonia compró las únicas enciclopedias en el vecindario y envió a sus hijos a una escuela católica llamada Cardinal Spellman, con la idea de que con una buena educación en Estados Unidos, todo era posible.

Con el apoyo de la familia, los amigos y los profesores, Sonia obtuvo una beca para estudiar en Princeton, donde se graduó como primera de la clase, y en la Facultad de Derecho de Yale, donde trabajó como editora del *Yale Law Journal* y eligió el camino que la condujo hasta aquí.

A lo largo de ese camino, superó los obstáculos y las probabilidades en su contra e hizo realidad el sueño americano que había traído a sus padres a este país hace tantos años. Y aunque haya conseguido muchos logros, nunca ha olvidado dónde comenzó y nunca ha perdido el contacto con la comunidad que la apoyó.

Por lo tanto, lo que Sonia aportará a la corte es no sólo el conocimiento y la experiencia adquirida a lo largo de una brillante carrera, sino también la sabiduría acumulada a lo largo de una experiencia vital extraordinaria.

Según he sabido, el interés de la juez Sotomayor por el derecho nació de su lectura, cuando era niña, de la serie de Nancy Drew.

Y cuando le diagnosticaron diabetes a los ocho años, le informaron que las personas con diabetes no pueden ser agentes de policía ni investigadores privados como Nancy Drew. Se vio obligada, por lo tanto, a replantearse su sueño.

A lo largo de tu vida, Sonia, has demostrado que no importa de dónde vengas, el aspecto que tengas ni los desafíos que la vida te lance, y que ningún sueño es inalcanzable en los Estados Unidos de América.

Y cuando Sonia Sotomayor suba por esos peldaños de mármol para ocupar su puesto en la corte más importante del país, Estados Unidos habrá dado otro importante paso hacia la consecución del ideal inscrito en su entrada: justicia igual para todos bajo la ley.

Espero que el Senado pueda actuar con un criterio unitario, como ya lo ha hecho en la confirmación de la juez Sotomayor en dos ocasiones, y a la mayor brevedad posible, para que pueda ocupar su puesto en la Corte en septiembre y participar en las deliberaciones cuando la Corte decida sobre los casos que oirá el año que viene.

Y, tras estas palabras, quisiera que todos demos un caluroso saludo a la juez Sotomayor, a la que invito a decirnos unas palabras.

Me han aconsejado que no me ponga nerviosa.

Lo cual es casi imposible.

Gracias, señor Presidente, por el honor más grande de mi vida. Usted me ha propuesto para ocupar un lugar en la corte más importante de nuestro país, y estoy profundamente emocionada.

En los pocos minutos que tengo en esta ocasión, no alcanzaría a mencionar los nombres de los numerosos amigos y miembros de la familia que me han orientado y apoyado a lo largo de mi vida y que han contribuido a que mis sueños se hagan realidad.

Veo muchas de esas caras en esta sala. Quiero que cada uno de ustedes, que tanto quiero, sepa que hoy mi corazón está lleno de gratitud por todo lo que han hecho por mí.

El Presidente les ha dicho que hoy he traído conmigo a mi familia. Entre el público están mi hermano, Juan Sotomayor, médico en Syracuse, Nueva York; mi cuñada, Tracey; mi sobrina, Kylie, que se parece a mí; y mis dos sobrinos gemelos, Conner y Corey.

Diría que me apoyo en las espaldas de muchas personas, pero

hay una persona extraordinaria que representa una aspiración para mí. Esa persona es mi madre, Celina Sotomayor.

Mi madre ha dedicado su vida a mi hermano y a mí. Y, como mencionó el Presidente, después de la muerte de mi padre a menudo tuvo que tener dos empleos para poder criarnos. He dicho muchas veces que todo lo que soy se lo debo a ella, y que soy apenas la mitad de la mujer que es ella.

A su lado está Omar López, el marido de mi madre y un hombre que he llegado a adorar. Te agradezco todo lo que me has dado y sigues dándome. Te quiero.

Tomé la decisión de ser abogada y, más tarde, juez, porque siempre descubro desafíos en las complejidades del derecho. Creo firmemente en el imperio de la ley como la base de todos nuestros derechos básicos.

Desde que tengo uso de razón, recuerdo que me han inspirado los logros de nuestros padres fundadores. Ellos establecieron principios que han perdurado a lo largo de más de dos siglos. Esos principios son igual de importantes y relevantes para cada generación.

Sería para mí un profundo privilegio desempeñar un papel en la aplicación de esos principios a los asuntos y controversias a las que nos enfrentamos hoy en día.

A pesar de que crecí en circunstancias muy modestas y con pocos recursos, creo que mi vida es inmensamente rica. Me crié en una casa de un complejo de viviendas públicas de El Bronx, pero he estudiado en dos de las mejores universidades del país.

También trabajé de subfiscal del distrito, persiguiendo delitos violentos, esos que han devastado a nuestras comunidades. Más tarde, fui miembro de una firma privada de abogados y trabajé con empresas internacionales que tenían negocios en Estados Unidos.

He tenido el privilegio de servir como juez de fondo de una corte federal de distrito y actualmente me desempeño como juez de la Tribunal de Apelaciones.

Estas múltiples experiencias personales y profesionales me han ayudado a comprender la diversidad de perspectivas que se presentan en cada uno de los casos en que he debido intervenir. Me ha ayudado a entender, a respetar y responder a las inquietudes y a los argumentos de todos los litigantes que se han presentado ante mí, así como a las opiniones de mis colegas en la judicatura.

Siempre intento no olvidar las consecuencias de mis decisiones en el mundo real de los individuos, las empresas y el gobierno.

Estar aquí hoy es un sentimiento abrumador. Hace once años, durante el proceso de confirmación de mi nombramiento para el Segundo Circuito, me ofrecieron una visita privada de la Casa Blanca. Fue una experiencia extraordinaria para una chica que venía del South Bronx.

Sin embargo, ni en mis sueños más atrevidos imaginé que llegaría ese momento, y mucho menos el momento que vivo hoy.

Señor Presidente, agradezco profundamente el honor que me ha otorgado, y espero con ansias poder trabajar con el Senado en el proceso de confirmación. Espero que a medida que el Senado y el pueblo de Estados Unidos me conozcan mejor, verán que soy una persona común y corriente que ha sido bendecida con oportunidades y experiencias extraordinarias. Hoy vivo una de esas experiencias.

Y por eso reitero mis agradecimientos, señor.

ANEXO III

———◆———

Comentarios de Barack Obama tras la confirmación de Sonia Sotomayor, 6 de agosto de 2009

Hola, a todos. Estoy muy contento y profundamente agradecido de saber que el Senado ha votado para confirmar a la juez Sonia Sotomayor como la 111ª Juez de la Corte Suprema de Estados Unidos.

Quiero agradecer al Comité Judicial del Senado, especialmente a su presidente, el senador Leahy, así como al vicepresidente, el senador Sessions, por haber escuchado a la juez Sotomayor en una audiencia exhaustiva y respetuosa. Y les agradezco por haberlo hecho oportunamente para que la juez Sotomayor pueda estar plenamente preparada para asumir su puesto cuando la Corte inaugure sus sesiones en septiembre.

Los miembros de nuestra Corte Suprema son nombrados vitaliciamente y se les encomienda la tarea tan fundamental como difícil de aplicar principios establecidos en el momento de nuestra fundación constitucional a las preguntas y controversias de nuestro tiempo. A lo largo de las últimas diez semanas, los miembros del Comité Judicial del Senado y el Senado en pleno han evaluado la idoneidad de la juez Sotomayor para este cargo. Han escrutado sus antecedentes como abogada de la acusación, como abogada litigante y como juez. Han sondeado su respeto por el papel adecuado de cada una de las ramas del gobierno, su compromiso para aplicar fielmente la ley a los hechos de que se trate, y su determinación de proteger nuestros derechos y libertades constitucionales fundamentales.

Con este voto histórico, el Senado ha confirmado que la juez Sotomayor tiene el intelecto, el temperamento, los antecedentes, la integridad y la independencia intelectual para servir adecuadamente en la corte más importante de nuestro país.

El Senado ha desempeñado este papel durante más de dos siglos, contribuyendo a asegurar que el concepto de "justicia igual para todos bajo la ley" no sea sólo una frase inscrita en el umbral de nuestra Corte sino una descripción de lo que sucede todos y cada uno de los días en el interior de esa corte. Es una garantía de que, ya se trate de una poderosa empresa o de un ciudadano común y corriente, tendrá derecho a ser escuchado exhaustiva y respetuosamente. Y, al final, el resultado del caso estará determinado sólo por la fuerza de los argumentos y por el imperio de la ley.

Estos ideales fundamentales de Estados Unidos, es decir, la justicia, la igualdad y la oportunidad, son precisamente los ideales que han hecho posible la trayectoria única de la juez Sotomayor. Son ideales por los que ha luchado a lo largo de su carrera, y son los ideales que hoy el Senado ha reafirmado, a la vez que se superaba un obstáculo más, dando así un paso más hacia una unión más perfecta.

Como muchos otros aspectos de este país, me siento muy orgulloso de este logro y tengo plena confianza en que la juez Sotomayor será una destacada juez de la Corte Suprema. Es un gran día para la juez Sotomayor y su familia, pero creo que también es un día maravilloso para Estados Unidos.

Muchas gracias a todos.

Discurso de Barack Obama durante la recepción
en honor de Sonia Sotomayor tras la confirmación,
12 de agosto de 2009

Buenos días a todos y bienvenidos a la Casa Blanca. Me alegro de que todos ustedes hayan podido acompañarnos para homenajear al miembro más reciente de nuestra corte más importante. Me dirijo a ella, por primera vez, como Juez de la Corte Suprema Sonia Sotomayor.

También tenemos el honor de que nos acompañen los nuevos colegas de la juez Sotomayor. Tenemos con nosotros al juez Ginsburg y al juez Stevens. Quiero agradecer al juez Ginsburg y al juez Stevens no sólo por estar presentes sino también por los extraordinarios servicios prestados en la Corte. Y sé que le darán buenos consejos a la juez Sotomayor.

También quiero agradecer a todos los que tanto han trabajado para que veamos este día. Quiero agradecer especialmente al presidente del Comité Judicial del Senado, el senador Patrick Leahy, y al líder de la mayoría en nuestro Senado, el senador Reid, por su notable trabajo para llevar a cabo el proceso antes del receso de agosto.

Quiero agradecer al senador Schumer y a la senadora Gillibrand, los dos senadores del estado natal de la juez Sotomayor, por el extraordinario trabajo que han llevado a cabo a su favor. Agradezco a todos los miembros del Congreso que se han tomado el tiempo para acompañarnos aquí en este evento en la Casa Blanca. También quiero saludar a todos los grupos de defensa y a los grupos que organizaron, movilizaron y apoyaron estos esfuerzos desde el principio. El trabajo que han realizado ha sido absolutamente imprescindible para nuestro éxito, y se los agradezco. Ya pueden felicitarse con un golpecito en la espalda. Felicitaciones.

Quiero agradecer especialmente a dos miembros del Congreso, el senador Bob Menéndez, que ha hecho un excelente trabajo en el Senado. Y a la congresista Nydia Velázquez, presidenta del Comité Hispano del Congreso.

Y creo igualmente que todos queremos aprovechar la ocasión para un reconocimiento de la mujer que de tantas maneras, en realidad, ha hecho que esto sea posible, la madre de la juez Sotomayor, Celina Sotomayor. La señora Sotomayor está presente con su marido, Omar, con el hermano de la juez, Juan, y con otros miembros de la familia. Estamos encantados de que puedan estar con nosotros compartiendo estos momentos.

Y, por cierto, no suelo hacer esto, pero permítanme agradecer a los miembros de mi extraordinario equipo en la Casa Blanca, quienes me han ayudado a conseguir este objetivo. Estamos muy orgullosos de ellos. Muchas gracias.

Desde luego, no hemos venido sólo para celebrar a nuestra brillante nueva juez de la Corte Suprema y a todos los que han formado parte de su trayecto hasta el día de hoy. También estamos aquí para celebrar un momento extraordinario de nuestro país. Celebramos el impacto que la juez Sotomayor ya ha tenido en personas en todo Estados Unidos, quienes se han inspirado en la excepcional historia de su vida. Celebramos la grandeza de un país en el que una historia como ésta es posible. Y celebramos que, con el voto que ha confirmado abrumadoramente a la juez Sotomayor, el Senado de Estados Unidos, tanto republicanos como demócratas, ha eliminado una barrera más y ha confirmado nuestra idea de que en Estados Unidos, las puertas de las oportunidades están abiertas a todos.

Con ese voto, el Senado ha mirado más allá de las viejas divisiones y ha votado a favor de la excelencia. Sus miembros han reconocido el intelecto, la integridad y la independencia de criterios de la juez Sotomayor, su respeto por el papel adecuado de cada una de las ramas del Estado, su fidelidad a la ley en cada uno de los casos a los que debe atender, y su dedicación a la protección de nuestros derechos y libertades constitucionales básicas.

El juez William Brennan en una ocasión dijo que para que el Estado pudiera garantizar esos derechos a todos los ciudadanos, los funcionarios del gobierno deben ser sensibles a las realidades humanas concretas que están en juego en las decisiones que adoptan. Deben entender, como dijo el juez Brennan, el pulso de la vida por debajo de la versión oficial de los hechos.

La juez Sotomayor entiende esas realidades porque ha sido testigo de primera línea como abogado de la acusación, como litigante y como juez, y ha trabajado para defender nuestras leyes, mantener a salvo a nuestras comunidades y dar a las personas la posibilidad de vivir su sueño. Ha llevado a cabo este trabajo con devoción, con distinción y con el compromiso inquebrantable de devolverle a este país que tanto le ha dado a ella.

Y ella entiende estas cosas porque las ha vivido, porque su vida es una de esas historias que "sólo suceden en Estados Unidos". Criada por una madre viuda en el South Bronx decidida a darle a su hija todas las oportunidades para que tuviera éxito. La juez Sotomayor fue impulsada por su talento y por el trabajo constante, un trabajo con que habría de ganar becas y ser objeto de honores en las mejores universidades del país, siempre con la idea de que no importa de dónde vengas ni el aspecto que tengas, ni que desafíos la vida te plante por delante, por-

que ningún sueño es inalcanzable en los Estados Unidos de
América.

Y con la extraordinaria amplitud y profundidad de su experiencia, la juez Sotomayor aporta a la Corte Suprema un dominio
de la letra de la ley y una comprensión de cómo la ley se revela en
la realidad de nuestras vidas cotidianas, y del impacto que tiene
en cómo trabajamos y cómo adoramos y criamos a nuestras familias, y en si tenemos las oportunidades que necesitamos para vivir
la vida que hemos soñado.

Esa comprensión es fundamental para el trabajo de un juez de
la Corte Suprema, como atestiguarán los jueces Steven y Ginsburg, es decir, la tarea de aplicar principios establecidos en el momento de nuestra fundación a los casos y controversias de
nuestro tiempo.

Porque por muy visionarios que hayan sido nuestros padres
fundadores, no pretendían saber exactamente cómo cambiarían
los tiempos, o qué nuevos interrogantes nos plantearían el destino
y la historia. En su lugar, quisieron articular ideas que fueran in-
temporales, ideales que se aplicarían a las circunstancias siempre
cambiantes de nuestras vidas y mantendrían vivos para las gene-
raciones futuras nuestros derechos y libertades más sagradas.

Cuando la juez Sotomayor puso su mano sobre la Biblia y
prestó juramento, hemos dado un paso más hacia la consecución
de esos ideales. Nos hemos acercado un paso más a la unión más
perfecta que pretendemos alcanzar.

Si bien éste es el logro de la juez Sotomayor, es decir, de sus
capacidades y su determinación, este momento no es sólo un hito
particular de ella. Es un hito para cada niño o niña que crecerá
pensando, si Sonia Sotomayor puede conseguirlo, quizá yo también pueda. Es un hito para cada madre y cada padre que refle-
xiona sobre los sacrificios que hizo la madre de la juez Sotomayor,
y sobre los éxitos que ella y su hermano han alcanzado, y piensa,
puede que no tenga gran cosa en mi propia vida, pero si trabajo lo
bastante duro, quizá mis hijos puedan tener más. Es un hito para

todos los que en este país se enfrentan a desafíos y luchas en su vida, que al conocer la historia de la juez Sotomayor piensan, si ella pudo vencer tantos obstáculos y llegar tan lejos, ¿por qué no podré yo?

Hace casi ochenta años, cuando se puso la primera piedra del edificio que se convertiría en nuestra actual Corte Suprema, el presidente de la Corte, Charles Evan Hughes, declaró: "La República perdura, y éste es el símbolo de su fe".

El ascenso de la juez Sotomayor desde sus orígenes humildes hasta la cumbre de sus logros es un símbolo más de esa fe, la fe de que el sueño americano aún perdura, la fe de que "la justicia igual para todos bajo la ley" no es sólo una inscripción en el mármol sino un ideal vivo de democracia. La fe de que en este gran país, todo es posible para todo el mundo.

Éste es un gran día para Estados Unidos, y sé que todos los que estamos aquí estamos orgullosos y nos sentimos honrados de haber participado en él.

Dichas estas palabras, quisiera presentar al nuevo miembro de la Corte Suprema de los Estados Unidos, la juez de la Corte Suprema, Sonia Sotomayor.

ANEXO V

**Discurso de Sonia Sotomayor durante la recepción
en su honor tras la confirmación**

No hay palabras para expresar adecuadamente lo que siento. Ningún discurso puede expresar plenamente mi alegría en este momento. Nada puede transmitir la profunda gratitud que siento hacia los muchos miembros de mi familia, empezando por mamá y por mi hermano, y los muchos amigos y colegas que hoy están presentes aquí conmigo, y a los que no están y que me han ayudado a llegar a vivir este momento. Nada de esto habría sucedido sin todos ustedes.

Señor Presidente, siento el más caluroso aprecio por la confianza que ha depositado en mí al proponer mi nombre. Quiero extender mis agradecimientos al Comité Judicial del Senado, presidido por el senador Leahy, por llevar a cabo una sesión respetuosa y oportuna en el tiempo, así como a todos los miembros del Senado, por aprobar la elección del Presidente. Les estoy muy agradecida a todos por esta maravillosa oportunidad.

Me siento muy agradecida con este país. Me encuentro hoy aquí sabiendo que mi confirmación como juez de la Corte Suprema no habría sido posible sin las oportunidades que se me ofrecieron en este país. Hace más de dos siglos, en una constitución que no tiene más de cinco mil palabras, nuestros padres fundadores dejaron sentada su visión para este país recién nacido. La tarea que proclamaron fue la de formar una unión más perfecta, establecer la justicia y garantizar la bendición de la libertad para ellos y para la posteridad. A lo largo de los años, los ideales que inspiraron el núcleo de ese documento han perdurado a medida que, generación tras generación, se han ampliado esas bendiciones, esos derechos y libertades de cada vez más estadounidenses.

Nuestra constitución ha sobrevivido a los enfrentamientos nacionales e internacionales, entre ellos una guerra civil, dos guerras mundiales y la catástrofe del 11 de septiembre. Reúne a gentes de todas las razas, credos y orígenes a través de todo este país que lleva sus palabras y valores en nuestros corazones. Es la fe de este país en una unión más perfecta que permite que una niña de El Bronx, hija de puertorriqueños, esté aquí entre ustedes ahora.

Todavía me asombra hoy la maravilla de mi vida, y la vida que en Estados Unidos tenemos el privilegio de vivir. Al reflexionar sobre las experiencias de mi vida, también pienso hoy en el juramento que presté al asumir mi puesto en la carrera judicial hace casi dos décadas, y que he reiterado el pasado fin de semana: el juramento de juzgar independientemente del aspecto de una persona, de sus orígenes o de si es rica o pobre, y de tratar a todos y todas como iguales ante la ley. Eso es lo que requiere nuestro sistema de justicia, la base misma de la fe del pueblo de Estados Unidos en el imperio de la ley, y también es la razón por la que me apasiona el derecho.

Me siento profundamente honrada por la responsabilidad sagrada de defender nuestras leyes y salvaguardar los derechos y libertades establecidos en nuestra Constitución. Pido no solamente a mi familia y amigos sino a todos los estadounidenses, que me deseen inspiración y sabiduría divinas para llevar a cabo las tareas que exige mi nuevo cargo.

Quiero agradecerles una vez más por el afecto que me han demostrado y el apoyo que me han brindado. Y agradezco al presidente Obama y al Senado de Estados Unidos por el gran honor y privilegio que me han otorgado. Muchas gracias.

NOTAS

PRIMERA PARTE

Capítulo 1

1. Lizette Álvarez y Michael Wilson, "Up and Out of New York's Projects", *New York Times*, 31 de mayo de 2009.
2. CNN, 27 de mayo de 2009.
3. Jan Hoffman, "A Breakthrough Judge: What She Always Wanted", *New York Times*, 25 de septiembre de 1992.

Capítulo 2

1. Damien Cave, "In Puerto Rico, Supreme Court Pick With Island Roots Becomes a Superstar", *New York Times*, 30 de mayo de 2009.
2. Emanuella Grinberg, "Family hails Sonia Sotomayor's Puerto Rican roots", CNN, 13 de julio de 2009.

Capítulo 3

1. Mallory Simon, "Sotomayor was schoolgirl with focus, determination, friends say", CNN, 14 de julio de 2009.
2. Robin Shulman, "Supreme Change", *Washington Post*, 16 de junio de 2009.

Capítulo 4

1. Sonia Sotomayor, "My Ethnic Identity", *Latino Law Students Association* (Cornell Law School), 15 de octubre de 2007.
2. Elizabeth Landau, "Cricket, Ivy League classmates startled student Sonia Sotomayor", CNN, 15 de julio de 2009.

3. Stuart Taylor Jr., "Grading Sotomayor's Senior Thesis", *National Journal*, 2 de junio de 2009.

Capítulo 5

1. Elizabeth Landau, "Sotomayor 'always willing to speak up' at Yale Law", CNN, 26 de mayo de 2009.
2. David D. Kirkpatrick, "Judge's Mentor: Part Guide, Part Foil", *New York Times*, 22 de junio de 2009.
3. Ibíd.

SEGUNDA PARTE

1. Peter Baker y Jeff Zeleny, "Obama Hails Judge as 'Inspiring' ", *New York Times*, 27 de mayo de 2009.

Capítulo 7

1. Sheryl Gay Stolberg, "Woman in the News: Sotomayor, a Trailblazer and a Dreamer", *New York Times*, 26 de mayo de 2009.

Capítulo 8

1. Neil A. Lewis, "G.O.P., Its Eyes On High Court, Blocks a Judge", *New York Times*, 13 de junio de 1998.
2. "The Souter Strategy", *Wall Street Journal*, 8 de junio de 1998.
3. Greg B. Smith, "Judge's Journey to Top Bronx' Sotomayor Rose from Projects to Court of Appeals", *Daily News*, 24 de octubre de 1998.

Capítulo 9

1. Abigail Thernstrom y Stephan Thernstrom, "Merit doesn't matter for city firefighters", *Wall Street Journal*, 22 de abril de 2009.
2. Richard Cohen, "A Firefighter's Litmus Test", *Washington Post*, 5 de mayo de 2009.

Capítulo 10

1. Massimo Calabresi, "What the Court's Firefighter Ruling Means for Sotomayor", *Time*, 30 de junio de 2009.

Capítulo 11

1. John Schwartz, "Sotomayor's Appellate Opinions Are Unpredictable, Lawyers and Scholars Say", *New York Times*, 28 de mayo de 2009.
2. James Ridgeway, "The Progressive Case against Sotomayor", *Mother Jones*, 16 de julio de 2009.
3. Richard Sandomir, "Sotomayor´s Baseball Ruling Lingers, 14 years later", *New York Times*, 27 de mayo de 2009.
4. James C. McKinley, "Baseball: Woman in the News; Strike-Zone Arbitrator—Sonia Sotomayor", *New York Times*, 1 de abril de 1995.
5. Jess Bravin y Nathan Koppel, "Nominee's Criminal Rulings Tilt to Right of Souter", *Wall Street Journal*, 5 de junio de 2009.
6. Sheryl Gay Stolberg, "Woman in the News".

TERCERA PARTE

Capítulo 12

1. El discurso fue publicado luego en la primavera de 2002 por la revista especializada *La Raza Law Journal*, de Berkeley, y forma parte de un simposio titulado: Raising the Bar: Latino and Latina Presence in the Judiciary and the Struggle for Representation.

Capítulo 14

1. *Washington Post*, 31 de mayo de 2009.

CUARTA PARTE

Capítulo 16

1. *Wall Street Journal*, 23 de julio de 2009.

Capítulo 17

1. "Sotomayor and the Politics of Public Humiliation", *Nation,* 17 de julio de 2009.
2. "Senate Approves Sotomayor to Supreme Court", *New York Times,* 7 de agosto de 2009.

Capítulo 18

1. Associated Press, 1 de agosto de 2009.

Capítulo 20

1. Charlie Savage, "Sotomayor Confirmed by Senate, 68–31", *New York Times,* 6 de agosto de 2009.

Epílogo

1. Adam Liptak, "Sotomayor Casts First Vote on Court", *New York Times,* 19 de agosto de 2009.
2. Richard Lacayo, "Sonia Sotomayor: A Justice Like No Other", *Time,* 28 de mayo de 2009.
3. John Schwartz, "Sotomayor's Appellate Opinions Are Unpredictable, Lawyers and Scholars Say", *New York Times,* 28 de mayo de 2009.
4. Jerry Markon, "Uncommon Detail Marks Rulings by Sotomayor", *Washington Post,* 9 de julio de 2009.